陪孩子
度过青春期

慧　海◎著

当代中国出版社
Contemporary China Publishing House
2021年 · 北京

图书在版编目(CIP)数据

陪孩子度过青春期 / 慧海著 . -- 北京 : 当代中国出版社，2021. 5

ISBN 978-7-5154-1108-8

Ⅰ . ①陪… Ⅱ . ①慧… Ⅲ . ①青春期—家庭教育 Ⅳ . ① G479

中国版本图书馆 CIP 数据核字（2021）第 002820 号

出 版 人　曹宏举
责任编辑　陈　莎
策划支持　华夏智库 · 张　杰
责任校对　康　莹
出版统筹　周海霞
封面设计　尚世视觉
出版发行　当代中国出版社
地　　址　北京市地安门西大街旌勇里 8 号
网　　址　http://www.ddzg.net　邮箱：ddzgcbs@sina.com
邮政编码　100009
编 辑 部　（010）66572264　66572154　66572132　66572180
市 场 部　（010）66572281　66572161　66572157　83221785
印　　刷　三河市长城印刷有限公司
开　　本　710 毫米 × 1000 毫米　1/16
印　　张　14 印张　180 千字
版　　次　2021 年 5 月第 1 版
印　　次　2021 年 5 月第 1 次印刷
定　　价　48.00 元

前言

不知从何时开始，父母发现孩子有了很大变化。曾经，孩子总是喜欢黏在父母的身边，拉着父母的手，就像父母永远甩不掉的小尾巴，父母去哪里，他们就去哪里；曾经，孩子不管有什么事情都会向父母倾诉，每天走出校园的第一件事，就是拉着父母的手对父母说起这一天的校园生活，也说起自己的喜怒哀乐。然而，渐渐地，父母发现，孩子变得不再愿意和父母肩并肩走了，更不愿与父母手拉手了，也变得不再那么爱说话，而是常常将自己关在房间里，不愿意与父母沟通。哪怕父母非常关切地询问他们一些问题，他们也会敷衍了事，三言两语就把父母打发了。

面对比自己还高的孩子，面对已经变声的孩子，面对如鲜花般绽放的孩子，父母不由得感到困惑：这还是我曾经的乖宝宝吗？尤其是当孩子总是与父母对着干，不管父母说什么，他们都表示反对的时候，父母更是感到抓狂：不知道为何，孩子一夜之间仿佛变了一个人，这既让父母觉得自己的权威受到了挑战，也让父母感到迷惘，不知道应该如何与孩子相处；更让父母感到惊慌，不知道孩子身上到底发生了什么。

其实，不仅父母面对孩子的巨大变化会不知所措，孩子面对自身的这种突如其来的变化，也会手足无措。男孩子不知道自己为何突然长出了胡须，声音变得深沉嘶哑；女孩子不知道为何自己的体态发生了巨大变化，心中也有了千千结。其实，这一切的改变都可以用一个原因来解释，那就是孩子进入了青春期。

青春期是孩子从少年走向成年的过渡阶段，也就是说，每个人都会经历青春期，只不过每个人在青春期的表现不同罢了。青春期有着羞涩的美丽，就像初春的早晨挂满露珠的花蕾和金色的秋天挂满硕果低垂的枝头，又像一闪而过的雨燕和突然而来的狂风骤雨。对于青春期的感受，每个人都是不同的。因此，作为父母，在孩子青春期到来的时候，在陪伴孩子度过青春期的过程中，一定要加深对孩子的了解，如此才能以更从容的姿态陪伴孩子走过青春期。

对于孩子漫长的人生而言，青春期是至关重要的阶段。如果孩子不能顺利地度过青春期，那么他们就会陷入迷惘和困惑。现实中，有些孩子因为青春期缺乏父母的指导和帮助而误入歧途。所以，父母既要重视孩子的青春期，也要通过学习一些青春期的知识，认真细致地观察孩子在青春期的各种表现，加深对青春期的了解。

青春期并非像大多数人说的那么可怕。在青春期，孩子的情绪会更加容易冲动，这是因为他们的体内正在分泌大量生长激素。在青春期，孩子也会变得更加敏感，尤其是对于异性，他们会从不屑于和异性在一起玩耍，转变为对异性产生朦胧的好感，这就是被父母视为洪水猛兽的早恋。

不管怎么说，青春期都是孩子人生必经的阶段，因此，青春期发生的一切也都是合理的。作为父母，应该保持平和的心态去了解孩子的青春期，采取正确的方法引导孩子顺利度过青春期。有人说，青春期是危险期。实际上，青春期蕴含了很多机遇，是不折不扣的机遇期。还有心理学家经过研究发现，在青春期，孩子的学习力会爆发，创造力也会被激发。所以，父母要抓住青春期这一特殊阶段来培养孩子各方面的能力，提升孩子的学习力和学习水平。只有在父母和孩子的共同努力下，孩子才能顺利度过青春期；也只有在父母和孩子的共同努力下，青春期才会成为孩子人生中最美好的礼物。

目 录

第一章
青春期不期而至：孩子到底怎么了

很多父母都谈孩子的青春期而色变，尤其是有些父母本身要孩子比较晚，孩子进入青春期时，父母已经进入更年期。记得有一部电视剧的名字就叫《青春期遇上更年期》。其实，不管是青春期还是更年期都没那么可怕，最重要的是，既要了解孩子青春期的各种表现，也要真正清楚孩子各种异常行为背后隐藏的心理原因，这样才能从容应对青春期，与孩子融洽相处。

为何父母都谈青春期色变

青春期，是孩子从少年走向成年的过渡时期。在这个阶段，孩子的身心都处于快速地成长和变化之中，又因为身体内激素水平的急剧变化，导致他们会出现很多异常行为。很多父母谈孩子青春期而色变，其实不是因为青春期的孩子可怕，而是由于父母不知道如何与青春期的孩子相处，所以才会导致亲子关系紧张，亲子矛盾越来越严重。

和小时候的听话、懂事截然不同，处于青春期的孩子最大的特点就是越来越渴望独立，越来越希望自己能得到父母的尊重和平等对待。当然，处于青春期的孩子不仅仅是心理上的改变，也是他们以生理上的成长为基础的改变。父母首先要了解的青春期孩子在生理上有哪些变化，才能更好地理解和接纳孩子在心理上的改变。父母要怀着接纳与宽容的心，给予孩子更多的爱和自由，以及真正的尊重和平等相待，才能打开孩子的心扉，与孩子坦诚沟通，陪伴孩子度过青春期，也帮助孩子解决青春期遇到的很多困惑和烦恼。

果果从小就是个乖乖女，听话懂事，人见人爱。在学校里，不但上课认真听讲，放学认真完成作业，还很善解人意，是老师的好帮手，也是同学们都喜欢的大班长。在爸爸妈妈心中，果果就是最可爱的天使，是上天赐予他们的最好礼物。爸爸妈妈从不吝啬花在果果身上的钱。在果果很小的时候，爸爸妈妈就给果果报名参加各种培训班，立志要把果果培养成琴棋书画样样精通的完美女孩。果果的确很争气，不管是舞蹈还是钢琴、绘画，都学得像模像样。从幼儿园到小学，再从小学到初中，始终都是班长，每年还能被评为学校的“三好学生”呢！有果果这样美丽、出类拔萃的女儿，爸爸妈妈都很骄傲和自豪，很多亲戚朋友也都特别羡慕他们。

原本，爸爸妈妈都以为一切就会这样顺利地进行下去，却没想到上了初三，果果突然就像变了一个人似的。她不但早恋，而且开始打扮自己，恨不得能吸引全校男生的目光。有一次，妈妈帮助果果整理房间时，发现果果的书桌抽屉里有好几封情书。当天下午果果放学回到家里，妈妈就铁青着脸，拿着情书审问果果：“果果，这到底是怎么回事？”果果看到妈妈手中拿着的东西，马上就变了脸色：“妈妈，这是我的隐私，你为什么偷看我的东西？”妈妈看到果果非但不感到害臊，反而理直气壮地质问自己，气愤地说：“你既然拿回来，就不要怕我看啊！我可不是偷看，我是光明正大地看！”果果听了妈妈的话，生气地一把夺过情书，回到房间里，使劲把门关上。妈妈呆呆地坐在客厅的沙发上，过了很久才回过神儿来：这还是我的女儿吗？从小到大，果果从来也没有这样和我说过话，这是怎么了？妈妈伤心地暗自垂泪。爸爸下班回到家里，看到妈妈正愁眉不展地坐在沙发上，惊讶地问：“你怎么了？”妈妈小声地把事情的经过讲给爸爸听，爸爸沉思片刻，说：“哎，这是进入青春期了。我们办公室里的张姐，最近就正在和她青春期的孩子斗智斗勇呢！你也别太着急和伤心，咱们不能再像以前那样对她了，要尊重她，把她当朋友，她才会愿意对我们说一些话。”妈妈觉得爸爸说得有道理，就和爸爸商量起如何处理好果果早恋的问题。

孩子进入青春期，必然会出现各种各样的成长问题。作为父母，如果总是以老眼光看待孩子，觉得孩子会始终对父母言听计从，那就大错特错了。孩子在青春期会有各种不同的表现，细心的父母既会觉察到孩子的异常，也会给予孩子更多的关注和帮助。而有些父母很粗心，他们明明知道孩子更渴望得到父母的尊重，偏偏还继续像以前那样对待孩子，甚至用强权压制孩子，结果导致孩子刚刚进入青春期，就与父母处于剑拔弩张的状态。有些父母也会发现，平日里越是乖巧的孩子，在青春期的表现越是反常，叛逆心理也更明显。这一则是因为孩子故意与父母捣乱或者作对，加之父母已经习惯了孩子的顺从，所以从心理上就不能接受孩子的反叛，也很抗拒孩子的独立；二则是因为孩子平日里虽然很听父母的话，但是并不意味着他们没有自己的思想和主见，所以一旦遇到有机会可以独立自主，他们就会爆发出追求自由的天性，也让父母觉得反差强烈。

为了更从容地接受孩子青春期的状态，父母应该更加深入地了解孩子青春期的生理基础和心理反应，从而在面对孩子的青春期时，不至于大惊小怪。父母要知道，随着孩子的不断成长，他们原本简单纯粹的世界开始变得复杂，也充满了变化；孩子原本无忧无虑的笑容，也多了些泪水的浸润。当孩子进入青春期，不管有什么样的表现，父母都不要惊讶：那些无忧无虑的童年时光渐行渐远，只是因为孩子真的长大了。

青春期，是孩子的心理断乳期

孩子的身体，在青春期快速地生长发育，很多青春期的孩子体态已与成年人无异，这让他们更加渴望独立。然而，和身体的快速成熟相比，孩子的心理发育相对滞后，很多青春期的孩子心理上还很稚嫩。这样一来就会让孩子产生错觉，会因为自己的体态接近成年人，而产生了自己已经是成年人的想法。他们误以为自己在很多方面都能为自己做主，也可以摆脱对父母的依赖而更好地生存。但实际上，并非如此。父母很清楚，这个时期的孩子不管身体变化多么大，他们的心理状态依然处于从幼稚走向成熟的过渡阶段。为此，父母并不会对孩子完全放手，而是依然试图为孩子把关很多事情，甚至有些控制欲比较强的父母，会继续控制孩子。这既使孩子身体上的成熟与心理上的半成熟产生了矛盾，也使孩子渴望独立的想法与父母的不放手产生了矛盾。在青春期，这样的矛盾随时都有可能引发冲突，而这样的矛盾又是不可避免的。

在成人感的刺激下，孩子的独立意识越来越强烈，他们迫不及待地想要在精神方面摆脱对父母的依赖，也想在行动上享受更多的自由，彻底摆脱父母对他们行为的羁绊。在此过程中，很多父母都会发现孩子对自己越来越不看重，甚至会对父母的某些言行举止嗤之以鼻，这使父母产生很大的危机感。他们在养育孩子十几年的时间里，已经习惯了对孩子发号施令，习惯了孩子对自己言听计从，他们又怎么能忍受孩子对自己如此不屑一顾呢？这简直是在挑战自己的权威，这是很多父母都难以忍受的。为此，父母试图继续掌控孩子，却遭到孩子的强烈反抗，由此一来亲子关系进入恶性循环之中。与此同时，孩子一旦遇到超出自己能力范围的难题，还是需要向父母求助的，还是希望能够在精神上得到父母的支持和鼓励。这样一来，孩子自己也会非常矛盾，使他们与父母之间的关系若即若离、变幻莫测。了解了孩子在青春期处于各种矛盾之中，了解了自己作为父母的复杂心态，父母才能处理好与青春期孩子的关系，也才能帮助孩子顺利地进行心理上的“断乳”。

作为家里的独生子，于飞从小就是父母的心肝宝贝，被父母捧在手心上，含在嘴巴里。直到12岁升入初一，于飞都没有独自乘坐过公共交通工具，就连去理发都是由父母陪着。上学和放学就更不用说了，都是父母接送，帮他背着书包。

升入初一，于飞看到班级里有几个同学都是独自上学和放学，而且还是自己骑自行车呢！他很羡慕，央求爸爸妈妈：“给我买辆自行车吧，我也想独自去上学。”妈妈不假思索地否定：“不行，路上那么多汽车，不安全！”于飞无奈地看向爸爸，爸爸有些犹豫：“我们小时候，才上三年级，就自己骑着自行车去学校了。但是，那会儿车很少，人也淳朴，不像现在这样，道路上车水马龙，而且坏人也很多。”于飞听到爸爸说得委婉，当即趁热打铁：“爸爸，我知道汽车多，我会小心的。我都长得这么高大了，现在还处处管着我，将来我就什么都不会了。而且，我有好几个同学都自己骑车上学和放学啊，这没什么大不了的。”然而，妈妈还是坚决不同意。就这样，于飞直到初中毕业都没有学会骑自行车，不管去哪里，都需要爸爸妈妈接送。到了高一，因为接送于飞不顺路，爸爸妈妈想让于飞独自乘坐公交车上学，于飞却不愿意，说："我不想坐公交车，还是你们接送我吧，这样很方便。"听到于飞的话，爸爸妈妈彼此对视，不知道说什么才好。

显而易见，在养育于飞的过程中，爸爸妈妈错过了培养于飞独立性的最佳时机。初一的时候，于飞想要自己上学和放学，爸爸妈妈不敢放手；到了高一，爸爸妈妈想要放手了，于飞却已经养成了对父母的依赖性，不愿意自己去做很多事情。

可见，如果父母不能顺势而为，在孩子渴望独立的青春初期，培养孩子的独立性，那么当孩子一旦形成了依赖性，就很难改变。从心理学的角度来说，青春期就是孩子的心理"断乳期"；从生理学角度来说，很多幼儿在一岁前后断奶；但是，大多数孩子要在青春期才能逐渐摆脱对父母的依赖，渐渐走向独立。

很多父母都因为孩子进入青春期而感到困惑，不知道如何应对孩子的各种反常表现，殊不知，孩子进入青春期后也会感到迷惘，他们也在试图寻找一种最好的方式来顺利地度过青春期。与此同时，他们既想要离开父母，走向独立，又想要得到父母的帮助。尤其是在面对各种难题的时候，他们希望父母为他们指点迷津，为他们指出正确的方向，陪伴在他们身边，成为他们的坚强后盾。但遗憾的是，现实中，很多父母都采取错误的方式对待孩子：在孩子想要独立的时候，禁止孩子离开父母的身边，像老母鸡保护小鸡一样把孩子护在自己的翅膀之下。这对于帮助孩子独立和成长是没有任何好处的。

父母要认识到，青春期的孩子在身体和心理的发育上处于不均衡的状态，他们的身体已经渐渐地发育成熟，心理发展却呈现滞后的状态，所以，父母既要更加用心地帮助孩子提升其心理的成熟度，也要经常与孩子沟通，以理解的心态打开孩子的心扉，发自内心地尊重孩子，从而帮助孩子实现心理上的独立，让孩子的心理能量持续增强，最终顺利度过心理“断乳期”。

父母最大的心愿，就是希望孩子能够独立自主地生活，为了实现这一愿望父母就要早早地做好准备，抓住机会帮助孩子真正地独立。

用爱陪伴孩子适应青春期

南宋词人辛弃疾在《丑奴儿》中写道："少年不识愁滋味，爱上层楼。爱上层楼，为赋新词强说愁。而今识尽愁滋味，欲说还休。欲说还休，却道天凉好个秋。"这首词的意思说，少年时假装忧愁，实际上根本不曾感受到真正的忧愁。读辛弃疾的这首词，很多孩子都会感慨：我们心里是真的苦啊！其实，父母也和辛弃疾一样，误以为少年过着无忧无虑的生活，根本没有理由说忧愁。实际上，这样的想法大错特错。每个人都有自己的烦恼和忧愁，少年也是如此。尤其是在进入青春期之后，因为体内激素水平的急速变化，少年的心理和情感都承受着很大的波动，更会感到忧愁。当然，辛弃疾生活的年代距今已是非常遥远，所以少年不能指责辛弃疾不知道少年的忧愁。然而，父母和孩子生活在同一个年代里，而且生活在同一个屋檐下，切勿和辛弃疾一样断然否定少年就没有忧愁。父母要加深对青少年忧愁的了解，要了解青少年在成长过程中遭遇的困境。且不说个体的发展导致青少年有各种烦恼，从客观环境上来看，如今的青少年学业压力很大，还肩负着父母的殷切希望，因而也会导致烦恼丛生。

青少年刚刚结束无忧无虑的童年生活，进入青春期，不仅要面临身心的快速成长，从小学阶段进入初中阶段，还要面对环境的巨大变化。因此，很多青少年都会感到心中充满了忧愁，情绪也会随之变化无常。虽然这些忧愁在成人眼中不算什么，但是对于青少年来说，他们因为只是初识愁滋味，所以往往会感到无所适从。这就意味着，青少年从此之后就开启了人生的动荡年华，很难再单纯地享受天真和快乐了。

具体来说，青少年的忧愁有以下几个方面。第一，学业的压力引起的学习上的烦恼。如今，几乎每一个父母都盼望子女成才，因为父母本身就承受着巨大的生存压力，无形中会把这份压力转嫁到孩子身上，从而也会对孩子寄予殷切的希望。第二，感情上的压力。青少年正处于情窦初开的豆蔻年华，对异性开始产生好感，难免会出现单相思或者早恋的情况，感情上会起起伏伏，使得情绪起伏不定。第三，人际交往的压力。自从升入初、高中，青少年就会发现人际关系变得很复杂。和小学阶段的同学关系不同，在初、高中阶段，同学之间的交往变得更加微妙复杂，与老师的关系也需要用心相处。第四，个人形象的压力。每个人都是造物主兴之所至的产物，有的人长得五官端庄秀丽，有的人却长得不尽如人意；有的人身材高挑，皮肤白皙，有的人却又矮又黑，看起来貌不出奇；有的人独具天赋，出类拔萃，有的人没有才华，平庸无为……造物主从来都不是公平的，给予每个人不同的资源，恰恰这其中与身材长相等相关的资源，又是不可选择和改变的。这样一来，就使得青少年产生了很多烦恼。男生羡慕其他同学个子高，女生羡慕其他同学皮肤白，因而导致心绪波动，郁郁寡欢。除了这些方面引起的压力之外，青少年还会有很多其他烦恼，例如不知道人生的意义是什么，不知道自己为什么而学习，不知道自己未来会怎么样，对学习感到厌烦，恨不得远远地躲开所有人。实际上，这些都是正常的，除了青少年自身要正确对待这些负面情绪外，父母也要给予青少年足够的理解和包容。要知道，这都属于青春期的正常心理状态，而不是青少年“为赋新词强说愁”，也不是青少年犯了神经病故意折腾人。

面对青少年这些异常的心理状态和行为表现，父母不仅要给予青少年极大的理解，也要多包容青少年的情绪和行为表现。父母要告诉孩子，每个人在成长的过程中都会有各种各样的烦恼，即使长大成人，对于生活也会有各种不满意，无法样样得到满足，还会有各种奢望无法得到兑现。正所谓人生不如意事十之八九，如果总是纠结于这些不如意，那么生命的天空就会被阴霾遮蔽。此外，父母也要避免对孩子提出苛刻的要求，否则孩子总是处于自我否定的状态，渐渐地就会越来越自卑，逐渐认定自己不管做什么事情都不行。父母固然要对孩子提出期望，也要把握好尺度，不仅要以能够激励孩子更努力为原则，也要适时地让孩子从实现父母期望的过程中获得成就感和满足感。此外，父母要时刻关注青少年的心理和情绪状态，帮助青少年疏导和宣泄负面情绪，从而帮助孩子更加健康、更加积极向上。

这次期中考试，小杰的成绩不大理想。在月考中，他还考了全班第一、年级第二的好成绩呢；但是在期中考试中，他却考了全班第六、年级第十五。看到小杰的成绩突然退步这么大，爸爸很生气，他质问小杰："你的成绩是怎么回事？人家考试都是越考越好，你怎么还越考越差了呢！你就算不能保持上次月考的成绩，也不能大幅度退步吧！你是不是早恋了？快给我坦白交代！"

爸爸话音刚落，小杰的眼泪簌簌而下，他委屈地对爸爸说："你上学的时候也不能保证每次都考全班第一吧，凭什么要求我做到？"爸爸被小杰问得哑口无言，过了很久才说："我上学的时候什么条件，连饭都吃不饱，你现在是什么条件？你还好意思跟我比，我吃糠咽菜也考上了大学，你别看你现在想要什么就有什么，还真的未必能超过我！"小杰生气地吼道："好啊，既然你这么想，就不要对我提出要求，我以后还考倒数第一呢！"说完，小杰怒气冲冲地回到房间里，号啕大哭。后来，很长一段时间，小杰都不爱说话，非常沉默，虽然又在一次考试中取得了好成绩，但是他也丝毫开心不起来。

孩子不是学习机器，而是一个活生生的人。遗憾的是，很多父母嘴上说明白这个道理，却不能真正地从心里认可并按照这个道理的指示去做。不可否认，人到中年的父母生活都不容易，为此很多父母会担心孩子如果现在不努力，将来也会被生活所累。说起来是为了孩子好，却提前透支了孩子未来的烦恼，使其沉甸甸地压在孩子稚嫩的肩膀上，让孩子感到无力承受。

强求孩子每次考试都考第一名显然是不现实的。上述事例中，爸爸看到小杰的学习成绩有所下降，当即对小杰横眉冷对。这会给小杰怎样的感受呢？他会觉得爸爸并不爱他，而只爱他的学习成绩；也并不在乎他，而只在乎他的学习成绩。这种认知会让小杰感到失落。对于处于青春期的孩子而言，如果开始对父母的爱感到失望，甚至怀疑父母对自己的爱，这对孩子而言是一种煎熬，更是一种沉重的心理负担。

面对状况百出的青春期孩子的满腹惆怅，父母一定要给予孩子足够的爱、尊重、理解和包容。孩子处于青春期，原本就容易情绪激动，而且他们的情绪变化无常，也许前一刻还在因为某件事情而欣喜若狂，后一刻又会因为某件事情而沮丧失落。有些细心的父母发现，孩子以前性格外向，很喜欢说笑，但是自从进入青春期以后，就变得异常沉默，还总是把自己关在房间里发呆，有什么心事也不愿意和父母说。难道是孩子的心理出问题了吗？当然不是，而是因为孩子正处于青春期的困惑之中。在这种情况下，如果父母能把孩子当成朋友对待，真正发自内心地尊重和平等地对待孩子，那么孩子也许会敞开心扉，向父母倾诉自己的烦恼。如果父母还和以前一样，对孩子居高临下，恨不得让孩子什么都听父母的，那么孩子就会变得更加沉默，更加不愿意与父母沟通。

情绪上的冲动和善变，还会导致孩子行为上的冲动。西方国家的学者经过研究发现，人的大脑中有一个专门负责掌控感情冲动的控制中心，需要等到成年之后才能发育成熟。这也就告诉我们：对于青少年而言，他们大脑中的感情控制中心还没有发育成熟，所以他们才会在情绪和行为上容易冲动。父母要理解孩子这一时期身心发展的特点，才能更好地引导孩子控制情绪，进而帮助孩子控制行为；也才能与孩子毫无隔阂地相处，成为孩子生活中的朋友，成为孩子成长路上的领路人。

青春期，男孩女孩大不同

进入青春期，男孩和女孩的身体都开始快速地成长，但男女间的变化是不同的。男女的性别特征在青春期开始凸显出来，第二性征开始发育。因为神经内分泌系统的大量分泌和调节，男孩与女孩的身体都开始了快速生长，身体进入在继婴儿时期的第一个突增阶段后的第二个突增阶段。在这个阶段，生殖系统快速发育，第二性征也开始出现，使得男女的身体形态发生变化，呈现两性分化。女孩在8~9岁开始第二阶段的突增，男孩在10~12岁开始第二阶段的突增，通常是男孩比女孩晚两年。通过观察成年男女，我们可以发现，男性与女性的体态特点是不同的。女性的身高普遍比较矮，骨盆相对比较宽，身体中脂肪占据的比例比男性高，体脂丰盈。相比之下，男性的身高比较高，肩部比较宽，身体中肌肉占据的比例比女性高，呈现肌肉发达的特点。这是在身高和体态上的不同。具体而言，男性与女性的发育特点，可以通过以下几个的方面进行比较。

第一点，人体高度。男孩和女孩进入青春期都是以身高生长突增为标志的，也可以说身高的突然增长是男孩和女孩进入青春期的明显信号。在青春期，男孩每年的身高会增长7~9厘米，有些男孩生长发育的速度很快，身高会增长10~12厘米。在整个青春期，男孩的身高大概增长28厘米。和男孩相比，女孩的身高增长略缓慢，通常每年增长 5~7 厘米，有些女孩生长发育的速度很快，身高会增长 9~10 厘米。整个青春期，女孩的身高增长大概 25 厘米。

在民间，人们都说男孩生长发育停止得晚，实际上，这是因为男孩进入青春期比女孩晚导致的。因为男孩身高的增长幅度大，增高持续的时间比较长，所以成年男性的平均身高比成年女性的平均身高高约 10 厘米。

第二，体重。因为体重很容易受到环境因素的影响，所以不管是男孩还是女孩，在进入青春期后，体重的变化幅度还是很大的。那么，体重纯粹都是生长肌肉和脂肪导致的吗？其实不然。体重的增长除了肌肉和脂肪的原因外，还因为骨骼和内脏器官也在生长。所以和身高在青春期结束后不会再有明显变化一样，成年之后，男性和女性的器官也不会再出现显著变化。

在进入青春期后，女孩的脂肪含量持续增长，直至达到成熟，女孩身体中的脂肪含量相当于男孩的 2 倍。男孩则开始快速生长肌肉，在 30 岁前后，男孩的肌肉生长会达到高峰期，男孩身体中的肌肉含量相当于女孩的 1.5 倍。这决定了男孩与女孩除了骨骼形态不同外，体态也是不同的。

除了这两点之外，在体重和体脂方面，在围度和宽度方面，男孩与女孩都是不同的。很多女孩在青春期会出现“婴儿肥”的情况，在这个以瘦为美的年代，很多女孩就会盲目地节食或者减肥，认为自己越瘦越好。这样会导致内分泌失调，还会导致厌食症，严重影响女孩的身体发育。

很多父母会发现，孩子们在小时候性别特征并不明显，更多地依靠穿着打扮来区分男孩和女孩，也可以通过发型加以分辨。有些男孩和女孩两小无猜，并不视对方为异性，而是与对方在一起嬉笑打闹。而进入小学高年级阶段，孩子们的性别意识快速出现，男孩与女孩从两小无猜，到见到异性就开始脸红心跳。很快，又随着第二性征的出现，进入了青春期。

进入青春期，女孩和男孩都会身高增高、体重增加。除了这些共同的生长发育特点之外，女孩和男孩还各有不同。在8~9岁，女孩开始身高突增；在10~11岁，女孩的乳房开始发育，出现阴毛；在13岁前后，女孩出现月经初潮，开始生长腋毛；14岁时，女孩的乳房明显增大，此后身体中的脂肪含量持续增长；16岁前后，女孩的月经变得越来越规则，这意味着女孩的性器官发育成熟；在17~18岁，女孩的骨骼愈合，基本停止生长。男孩的生长发育比女孩晚两年，10~11岁，男孩开始身高陡增，阴茎、睾丸都开始发育；12岁，男孩进入身高陡增的高峰期，喉结不断变大；13岁前后，阴茎、睾丸继续增大，开始长出阴毛；14岁前后，男孩变声，长出腋毛；15岁，随着性器官的发育成熟，男孩开始生长胡须，而且出现首次遗精的现象；到了16岁，男孩的生长发育越来越成熟，阴茎和睾丸发展到和成年男性差不多大小，体毛也越来越多，在17~18岁接近成年人的体毛水平。到了19岁以上，男孩骨骼愈合，基本停止生长。至此，青春期结束，男孩进入了成年阶段。

当然，这只是大多数男孩和女孩的生长发育时间点。根据每个人身体素质的不同，也根据每个人成长的环境不同，生长发育既可能会略微提早一些，也可能会略微延迟一些，这都是正常的。在经历了身体的快速发育和成长之后，孩子们在心理上相应地也会有所变化，作为父母要了解孩子的生长发育特点，才能做好陪伴孩子们度过青春期的准备。

青春期，男孩女孩大不同。作为父母，只有先了解孩子在生理发育上的不同，才能及时接收青春期到来的信号，也才能更好地陪伴孩子度过青春期。度过了青春期，意味着男孩和女孩发育成熟，成为成年人，父母要改变与男孩女孩的相处方式。而当男孩和女孩因为青春期的发育而产生困惑的时候，父母也要引导男孩和女孩正确应对。

每个人都要经历青春期，青春期是成长发育的必然阶段。青春期不但是孩子生理上快速成长的阶段，也是孩子的性格和心理成熟的关键时期；与此同时，青春期还是学习力爆发的重要阶段。很多父母都发现处于青春期的孩子变得特别难沟通，为此与孩子发生矛盾和争执，甚至与孩子“冷战”，这对孩子的成长是极为不利的。明智的父母会保持与孩子之间顺畅的沟通，这样才能帮助孩子顺利度过青春期这个转折点，也为他们以后的发展奠定良好的基础。

痘痘“扑面”而来，自卑油然而生

俗话说，爱美之心人皆有之，尤其是作为女孩，更是注重。很多女孩都渴望自己能拥有白皙娇嫩、光洁如玉的皮肤，可是偏偏在进入青春期之后，虽然女孩的爱美之心越来越迫切，有些女孩的皮肤状态却很糟糕。这是为什么呢？都是痘痘在捣乱。进入青春期，痘痘扑面而来，有些孩子长痘痘的状况很轻，所以并不特别影响美观；有些孩子长的痘痘数量很多也很严重，面部全是紫红色的疙瘩，有些疙瘩上还有白色的脓包，看起来很不美观，而且严重的时候还会又疼又痒，让孩子忍不住抓挠。面对这样的情况，孩子们应该怎么办呢？

其实，不仅女孩很爱美，男孩也很爱美。不管是男孩还是女孩，如果脸上长满了痘痘，就会感到非常自卑。然而，对于油性皮肤的人而言，长痘痘又是不可避免的。作为处在青春期的孩子，如何才能避免生理上的痛苦和心理上的自卑呢？有些父母会说，长痘痘没什么关系，又不是生病，过了青春期就好了。然而青春期是特别漫长的，而孩子们又渴望拥有美丽的青春期。有些孩子本身性格比较内向，更会因此而陷入自卑之中，整个人郁郁寡欢，连学习都不能全身心投入。所以父母不要对孩子因为痘痘而苦恼的事情嗤之以鼻，而是要给予孩子更多的关注和理解，也要采取有效的措施帮助孩子战“痘”。

自从上了初二，非鱼的脸上就被痘痘占领了，他整个人都处于“沦陷”状态。每次上课，他都忍不住一边盯着老师的嘴巴，一边情不自禁地用手指甲掐着自己脸上的痘痘，有几次都掐得流血了。渐渐地，他脸上的疤痕越来越多，妈妈只好带着他去看医生。医生看到非鱼的脸，忍不住皱起了眉头：“小朋友，不要挤压痘痘，尤其是不要把痘痘弄破，否则一定会留下疤痕。”这次，医生给非鱼开了一些清洁和消炎的药膏，但是才过去没多久，非鱼又开始挤压痘痘。

上了高中，非鱼脸上的痘痘虽然变少了，但是他的脸上都是疤痕，这让他感到非常自卑，总觉得自己很丑，在学校里很少和同学们来往，也从不参加集体活动。有一次，班级里举行迎新年联欢晚会，非鱼很擅长演奏葫芦丝，这是他从小就学习的才艺。老师邀请非鱼给同学们独奏一曲，可非鱼拒绝了。回到家里，妈妈纳闷地问非鱼：“非鱼，老师邀请你演奏葫芦丝，你为什么不同意啊？你可是练了这么多年啊！”非鱼头也不抬地对妈妈说：“我不想抛头露面。”听到非鱼的话，妈妈忍不住笑起来：“你这个孩子，你又不是封建时代的大家闺秀，什么叫抛头露面？”非鱼说：“我是说，我不想站在同学们面前，我不想被人看到我满脸的痘痘和疤痕。”看着非鱼懊恼的样子，妈妈陷入了沉思。

青春期的孩子长痘痘的情况非常普遍。据统计，每 10 个孩子中，至少有 8 个孩子都长痘痘，或者正在与痘痘进行“抗战”。通常，孩子在进入青春期后就开始长痘痘，有些人激素分泌过多，直到三十多岁才不再长痘痘。大多数人都要持续长痘痘到二十多岁，才能避免被痘痘困扰。当然，痘痘的生长情况也是不同的。有些人只在前胸或者后背长痘痘，而有些人的面部长了大量的痘痘。处在痘痘旺盛的生长时期，青春期的孩子难免感到自卑。除了长痘痘会使他们毛孔粗大、皮肤红肿之外，在痘痘结痂后，也会留下疤痕，或者毛孔粗大，这会影响人的整体形象。所以在孩子长痘痘期间，父母要给予孩子及时的指导和有效的帮助，切勿让孩子挤压痘痘。如今市面上有很多护肤品，父母可以给孩子购买一些有效的护肤品，指导孩子正确使用，从而缓解长痘痘的情况。

痘痘的出现除了是因为青春期激素分泌之外，还受到很多其他因素的影响。例如，每天洗脸的时候不注意清洁细节，在学习中感受到巨大的压力，喜欢吃辛辣刺激的食物，或者作息时间晨昏颠倒，这些都可能导致痘痘疯长。具体而言，青春期的孩子要怎么做，才能在与痘痘的“抗战”中获胜呢？

首先，要保持心情愉悦，避免挤压痘痘。很多青春期孩子看到周围的同学和朋友都不长痘痘，唯独自己长了很多痘痘，会感到很郁闷：为何别人都不长，只有我中了“大奖”呢？每当有集体活动的时候，他们都不愿意参加，而是独自躲在角落，渐渐地，他们会越来越闭塞压抑。

其次，要清淡饮食，规律作息，保持排便通畅。很多孩子因为学习压力大，每天晚上都学习到很晚才睡觉，而父母因为关心孩子的身体，会为孩子提供很多高营养的食物。有些孩子本身喜欢重口味的食物，特别喜欢吃辣椒等辛辣刺激性食物，这也会促使痘痘生长。

除了要保持饮食清淡之外，还要定时排便，保持大便通畅。很多青春期孩子都有便秘的情况，这是因为他们不喜欢吃蔬菜和水果，只喜欢吃肉类。又因为没有养成定时排便的好习惯，所以导致大便越来越干燥，出现便秘的情况。这并不利于身体排毒，反而会导致毒素在身体内堆积。最好养成在每天早晨起床后排便的习惯，这既有助于肠胃健康，也有助于孩子成长。

最后，要保证面部清洁，避免使用过于刺激的肥皂、洗面奶等来清洁面部，要为面部补水。简单来说，痘痘就是皮肤分泌出来的油脂在毛孔处堆积形成的。因而，要想抑制痘痘生长，就要保持皮肤洁净，最好能够保持毛孔通畅。父母要为孩子选购品质有保证的控油补水洗面奶。需要注意的是，保持皮肤洁净，但是不要频繁地洗脸。因为过于频繁地洗脸，会破坏皮脂膜，导致皮肤的抵抗能力降低，更容易长痘痘，也会引发严重的感染。所谓凡事皆有度，尽管孩子们要战“痘”的心情是可以理解的，但是要讲究正确的方式方法，才能保证战“痘”成功。

痘痘虽然给孩子们带来很多烦恼，但也是孩子们正值青春期的标志。也许有一天人到中年还会怀念曾经满脸痘痘的青春岁月呢！所以孩子们不要再因为痘痘而苦恼了，有了痘痘，才能体验从丑小鸭到白天鹅的蜕变啊！

糟糕，我怎么流血了

初潮，就是女生第一次月经。对于女孩而言，初潮既是进入青春期的明显标志，也是女孩第二性征生理发育的第一道关卡。那么，月经是怎么形成的呢？子宫内膜受到雌激素的刺激，不断地发育，卵巢排卵，如未受精，子宫内膜就会脱落而形成月经。这整个过程约 28 天，故称月经。

通常情况下，女孩在 13 岁前后出现初潮。根据每个人的身体发育情况不同，初潮来临的时间既有可能提前，也有可能推迟。初潮来临，女孩难免会感到紧张害怕，也会特别害羞。当然，她们也会对此产生好奇，对这一切都感到很新鲜、很神秘。初潮虽然到来，但女孩的身体还没有完全发育成熟，生理周期也不稳定，所以女孩会出现一些生理上的反应，例如腹部疼痛，头昏乏力、嗜睡，等等。又因为处在青春期的女孩或是正在读小学高年级，或是正在读初中，学习的压力很大，很有可能会在无形中加重女孩的初潮反应。为了帮助女孩顺利度过初潮，父母不仅要给予女孩有效的指导和帮助，也要为女孩提供一些方便使用的卫生用品。相信在父母的帮助下，女孩会更顺利地度过初潮，不会过于慌张。

晨晨 12 岁了，正在读小学六年级，眼看着小升初考试在即，她的学习非常紧张，学习压力也很大。一个周末的中午，晨晨正在午睡，突然觉得隐私部位很不舒服。在她睡得昏昏沉沉，半睡半醒间，摸到床单上湿漉漉、黏糊糊的，她突然就惊醒了。她发现，内裤和床单上都沾染了血迹，赶紧惊慌地喊叫妈妈："妈妈，妈妈！妈妈！！"妈妈也在午睡呢，听到晨晨慌张的叫声，马上起身来到晨晨身边。晨晨不好意思地把床单上脏了的地方指给妈妈看，妈妈非但不担心，反而还有些高兴地说："啊，来了，来了！"

晨晨不知道妈妈为什么这么说，很纳闷地看着妈妈，妈妈郑重其事地告诉晨晨："晨晨，从现在开始，你就是真正的女人啦！这是初潮了，也就是月经。有了月经，标志着女孩成为真正成熟的女人，具备了生殖能力。"说着，妈妈拿出卫生巾，教会晨晨如何使用卫生巾，还告诉晨晨："刚开始来月经的前几次，因为没有规律，身体也没有完全适应，所以会出现轻微不适。等到几次之后，月经有了规律，不适的感觉就会大大减轻。在月经期间，既不要用冷水洗漱，也不要喝冷水吃冷饮，最好别吃那些生冷的食物，这样有助于减轻症状。如果觉得肚子疼，还可以喝一些红糖水或者姜汤，你只要有需求，就告诉妈妈，妈妈会为你准备的。还要避免剧烈运动，否则会加重出血。"在妈妈的指导下，晨晨知道了月经期间的护理知识，顺利地度过了初潮。为了晨晨上学方便，妈妈还为晨晨购买了一些安全裤等卫生用品，让晨晨上学期间完全无忧，活动自如。

如今，有些孩子营养特别好，提前到10岁前后就会来初潮。也有一些孩子因为激素的作用，在八九岁就经历初潮了。这对于孩子而言是一个很大的烦恼，因为越是小孩子，越不能很好地照顾自己。反之，有些女孩要到十八九岁才会经历初潮。初潮的时间不管早晚，只要表现正常，都无须担心。但是如果初潮时间特别早，例如七八岁就来了，或者特别晚，例如到了二十几岁还没有来，那么就要去医院进行全面的检查，查明原因，一旦发现有生理疾病，就要尽早治疗。

具体而言，父母要想帮助女孩正确面对初潮，与月经友好相处，就要做到以下几点。

首先，要消除女孩的恐惧心理，让女孩知道月经是成熟女性都会有的，这样女孩非但不会紧张，反而会因为自己升级为成熟的女性而感到高兴。女孩消除了恐惧心理，才能更好地面对初潮，也才能与月经成为相伴大半生的“好朋友”。

在女孩初潮到来之前，妈妈就要对女孩进行心理疏导。对孩子开展性教育，这是伴随着孩子进入青春期就要提上日程的。在合理的时间内，越早对孩子进行性教育，越是有助于孩子的健康成长。

其次，在女孩迎来月经初潮的时候，妈妈可以举行一个小小的仪式。帮助女孩庆祝初潮这个在人生中意义非凡的时刻，让女孩对于月经充满神圣感，而不是将其视为一种负担或者麻烦。如果女孩并不想让家里人都知道这件事情，那么妈妈可以私底下和女孩一起庆祝，例如请女孩吃一顿美食，或者送给女孩一件成人礼物。

再次，要为女孩准备方便好用的卫生用品。如今，市面上的卫生用品有很多，例如安全裤、卫生棉条、卫生巾等。妈妈要负责为女孩把关，选购质量过关的卫生用品，以免引发妇科疾病。妈妈还可以为女孩准备隐形的卫生袋，这种卫生袋从表面看起来是一条毛巾，实际上里面可以装入卫生巾，这样有助于保护女孩的隐私。

最后，妈妈还要告诉女孩月经的规律，在下一次月经来临前，让女孩提前做好心理准备。随着女孩不断地成长，女孩的月经会越来越规律，各种不良的反应也会逐渐减轻，女孩就可以独立应付月经啦！

第二章
孩子的心思你别猜，猜来猜去你也猜不明白

父母与孩子之间原本就有代沟，虽然父母生养了孩子，但是随着孩子渐渐成长，有了自己的小心思，父母会发现想要猜透孩子的心思越来越难。有的时候，哪怕父母绞尽脑汁地揣测孩子的心思，也无法想明白。在这种情况下，一味地猜测是不可行的。父母要把孩子当成朋友，发自内心地尊重孩子，真正平等地对待孩子，才能打开孩子的心扉，让孩子从心里接纳父母，也愿意向父母吐露心声。

不要打着爱的旗号伤害孩子

很多家庭，原本其乐融融，但是因为孩子进入了青春期，就开始了鸡飞狗跳的生活。在越来越尖锐和频繁发生的亲子冲突中，孩子往往感到压抑："不知道为什么，父母总是想要控制我！"父母也感到非常委屈："这些孩子真是'狗咬吕洞宾，不识好人心啊'，我明明是为了他好，他却处处与我作对，专门与我对着干。"不知不觉间，父母与孩子从一个战壕的战友，变成了针锋相对的敌人，这不仅让父母非常抓狂，也让孩子苦恼不已。

那么，父母与孩子之间为何会出现这样的情况呢？这既不是父母的错，也不是孩子的错，而是亲子相处的模式出现了问题。虽然孩子一天天长大，很多父母却依然沉浸在孩子小时候那种亲子相处模式中，不管什么事情都要为孩子安排得好好的，哪怕是孩子有能力处理的问题和作决定的事情，父母也不愿意放权。而孩子呢，早就离开了和父母相处的原点，他们不再是那个对父母言听计从的小不点儿，不再是凡事都依赖父母的小孩子，他们长大了，有了自己的思想和主见，也不愿意凡事都听从父母的安排。他们更愿意证明自己的能力，更想自己去解决问题。在这样的矛盾状态中，父母的爱对孩子而言变成了禁锢，甚至会变成伤害。

一天放学回家后，郑州一所知名高中的学生郭某，在妈妈身后说：“妈妈，我为你准备了礼物。你低下头，闭上眼睛，不许偷看。”妈妈和郭某的关系最近剑拔弩张，听说儿子为自己准备了礼物，她很高兴地低头闭眼，也许心中还为儿子终于长大了而感到庆幸呢，她万万没想到，儿子为她准备的是一个沉重的哑铃。看到妈妈顺从地低头闭眼，郭某举起哑铃使劲地砸向妈妈的头部，妈妈就这样毫无防备地失去了生命。当天，正是元宵节的第二天——正月十六。

负责办理此案的公安人员感到非常痛心，询问郭某是否后悔做出了如此冲动的举动，他渴望着能听到郭某的忏悔之词，却没想到郭某冷漠地回答：“我不后悔，这样就没有人天天盯着我学习了，我也就不用那么累了。”

作为一名高中生，到底与妈妈有什么深仇大恨，要亲手结束妈妈的生命呢？如果有机会让妈妈再选择一次，她大概不会每时每刻都想着督促孩子努力学习，好让孩子将来有好的生活了吧！中国的父母历来为孩子考虑得太多，无法准确区别自己的人生与孩子的人生，常常不知不觉间就会强求孩子把人生过成父母想要的样子。

不可否认，现代社会，大多数中年人生存压力都很大，上有老下有小，职场发展还可能遭遇瓶颈。但是，这并不意味着作为父母就可以把所有的压力都转嫁到孩子身上，更不能把期望都寄托在孩子身上。孩子尽管因为父母来到这个世界上，小时候也依附于父母而生存，但是他们既不是父母的私有物，也不是父母的附属品。他们是独立的人，是活生生的人，是需要有独立的精神与人格的，也有权利决定自己将会拥有怎样的人生。近些年来，青少年自杀事件时有发生，有的孩子才读初中，就因为不堪学业压力而选择跳楼；有些孩子已经大学毕业，却因为害怕面对残酷的社会和竞争激烈的职场，而选择结束生命；也有的孩子因为与父母的相处出现问题，沟通不那么愉快，就仓促结束了自己稚嫩的生命，例如 2019 年 4 月上海卢浦大桥的少年跳桥案。不知道从何时开始，父母对孩子的爱已经不能让孩子感到温暖，而只会让孩子感到沉重，这是家庭教育最大的失败。

什么是爱？很多父母觉得给孩子吃喝就是爱，也有的父母觉得督促孩子努力学习出人头地就是爱，还有的父母觉得，爱就是让孩子活成父母所期待的样子。殊不知，这些都不是爱，而只是父母的一厢情愿。真正爱孩子的父母，能够站在孩子的立场上考虑问题，能够从孩子的角度出发去理解和接受孩子的言行举止，哪怕孩子犯错了，父母也会耐心帮助孩子分析原因，宽容孩子，让孩子不管什么时候都有家可回。有人说，父母之爱子，则为之计深远，我们说，父母之爱子，就要考虑孩子的感受，而不会一味地强求孩子，更不会抑制孩子的天性。

父母要学会收敛本能的爱

在很多家庭，父母爱孩子都只是凭着本能。他们从未意识到当好父母是需要穷尽一生去做的伟大事业，而是觉得只要凭着本能即可。因此，他们对孩子的爱就像动物爱幼崽，完全是在本能的驱使下为孩子做很多事情，而且从不考虑孩子是否需要这样的爱，更未想过这样的爱对孩子的成长是否有好处。作为父母，不仅要学会收敛本能的爱，也要学会理性地爱孩子，这样才是对孩子的成长负责，也才能真正促进孩子成长。

很久以前，有一个国王有一张金子做成的床。他很喜欢这张金床，但是并不在金床上睡觉，而是每天都要求一个仆人睡在金床上。原本，仆人得到睡金床的待遇应该是感到很荣幸的，但是仆人们都胆战心惊，谁也不想去睡金床，这是为什么呢？原来，国王还有一个要求，那就是睡金床的仆人必须和金床一样长，既不能比金床短，也不能比金床长。如果仆人比金床短，那么国王就会下令把仆人拉长；如果仆人比金床长，那么国王就会下令把仆人砍掉一截，变得和金床一样长。

父母在看到这个令人匪夷所思的故事时，一定会感到疑惑：这个国王是不是脑残，要不就是智商有问题，怎么能提出这种要求呢？但是如果说有些父母的爱就像这张金床一样，很多父母能否恍然大悟呢？一直以来，很多父母都要求孩子去适应他们的爱，而对于孩子的成长视若无睹。他们既看不到孩子的成长，也看不到孩子特别的需求，而只想让孩子根据他们的爱来调整自己。实际上，人的身长基本是无法改变的，国王应该调整金床的长度；同样的道理，孩子的成长也是独具个性的，父母要做的是根据孩子自身的情况，来给孩子所需要的爱，这样才有利于孩子健康快乐地成长。

父母如果忽略了孩子的需求，即使给了孩子很多的爱，也不利于孩子的成长。要想学会与青春期的孩子相处，给予孩子所需要的爱的养料，父母首先要了解孩子的需求，再对孩子因材施教。凭着本能爱孩子的父母，强求孩子根据父母的期望去发展，这和揠苗助长毫无区别。如今，有很多父母让孩子学习绘画、跳舞、钢琴、跆拳道等课程，完全无视孩子的兴趣所在，这就是强迫孩子、控制孩子。孩子小的时候，也许会对父母言听计从，愿意顺从父母的安排，而一旦孩子进入青春期，他们会变得越来越有主见，也对世界充满好奇，愿意亲自去验证自己的一些想法，也想要挣脱父母的束缚，自主地决定一些事情。由此一来，父母与孩子之间就会矛盾频发，亲子关系也会越来越剑拔弩张。

父母爱孩子虽然是本能，但是在家庭教育中要尽可能地消除本能的影响，理性地爱孩子。当然，这么说并非否定父母对孩子的爱，也不是说所有本能的爱都是错误的，而是说父母应该随着孩子不断成长来调整爱孩子的方式，给予孩子更合理的爱。

现代社会，几乎所有的父母都陷入了教育焦虑的状态，他们期望子女成才，不管作为父母本身的条件如何，他们都无一例外地希望孩子有最好的学习表现。孩子除了要完成学校中繁重的学习任务之外，还要应付父母安排的各种课外培训班、补习班。孩子原本应该无忧无虑的快乐童年，就这样被父母安排的学习班所替代。父母们都忽略了一个很重要的道理，那就是孩子首先要成为一个身心健康的人，才能成才、才能有所作为。对于年纪尚且不大的青春期孩子而言，在如此沉重的压力之下，他们的身心如何健康发展呢？如今，青少年中有心理问题的孩子很多，他们或者出现焦虑症状，或者患上抑郁症，更严重的甚至还会选择轻生、自杀等方式寻求解脱。是什么让孩子畏惧生大于畏惧死呢？是什么让孩子失去了人生中最轻松快乐的时光，在心上过早地长满了皱纹呢？是他们的父母。曾经有心理学家指出，大多数心理或者行为有问题的孩子，究其原因，都在父母身上。

在孩子还没有出现问题之前，父母对孩子总是各种期望、各种憧憬、各种奢求。一旦孩子的身心出现问题，父母才会懊悔不已：早知道这样，我就不逼着他学习了；孩子才是最重要的，我一直都知道的呀！的确，道理人人都懂，但是在现实生活中，真正能怀着淡然的心情陪伴孩子成长的父母，却少之又少。如果说学习、考级等都是父母对孩子的功利性要求，那么希望孩子身心健康，支持孩子发展兴趣，并不对孩子寄予过高的期望，则是父母对孩子的人文性关怀。孩子是需要人文性关怀的，只有在人性化的教育中，孩子才能健康成长，也才能感受到满足和幸福。在家庭教育中，父母始终处于主导地位，那么从现在开始，父母要首先注重培养孩子健康的心态，然后才是培养孩子成才。这个顺序很重要，切勿搞混。

如何面对孩子的忧伤

细心的父母会发现，自从进入青春期，孩子就像变了个人一样。他们原本性格活泼开朗，说起话来干脆利索，很少有烦恼。但是进入青春期后，他们会变得很忧伤，眉毛总是轻轻地拧在一起，眉宇间总是显现淡淡的哀愁。有的时候，父母即使主动询问孩子有什么不开心的事情，孩子也不愿意倾诉，只是把自己关在房间里，默默地发呆。父母想不明白：孩子不愁吃不愁喝，想要什么就有什么，有什么理由忧伤呢？有这种想法的父母，一定忘记了自己在青春期湿润得能拧下水来的心情，它是那么压抑、那么沉重。即使别人一句无心的话，也会让自己胡思乱想，生怕自己会给他人留下不好的印象。这就是青春期特有的敏感与孤独、寂寞与自卑、无奈与忧伤。

青春期的孩子之所以感到忧伤，有很多原因。例如，学习压力大，不能按时完成老师布置的作业；课堂上因为回答不上来问题而被老师批评，觉得丢了面子；与父母沟通存在障碍，不管多么努力，都无法得到父母的理解和宽容；有强迫症的倾向，总是强迫自己去做很多事情，如果不做，就过不了自己这一关；喜欢班级里的某一个同学，对方却浑然不知；与好朋友闹别扭，已经好几天谁也不搭理谁了；遭受校园霸凌，备受屈辱，却不敢告诉爸爸妈妈和老师……父母无法想象一个青春期的孩子会有多少困惑，面对猜不透心思的孩子，虽然着急，却无计可施。

也许有些父母会说，我家孩子根本不存在上述列举的任何问题。那只能说，你们根本不了解自己的孩子，也不知道孩子心里在想什么，更不清楚孩子正在承受怎样的压力。初、高中生活和小学阶段的生活是截然不同的，如果说小学阶段的生活还没有那么社会化，孩子的人际关系也相对简单，竞争意识也没有那么强，那么到了初高中阶段，这一切都发生变化：人际关系更复杂，包括与老师、同学和父母的关系；学习压力更大，每个人都想在学习上出类拔萃；校园生活具有更明显的社会化特征，老师和父母对孩子不再全权包办，很多问题都需要孩子独立面对。在这种情况下，父母如果还不能理解和帮助孩子，尤其是在孩子遇到困惑的时候，父母却浑然不知，那么孩子就会感到孤独无助。

首先，面对孩子的忧伤，父母切勿横加指责："你已经够惬意的了，不就学个习吗，没有那么累，又不需要挣钱养家！"类似的话语会让孩子产生深深的挫败感，觉得自己很无用。父母首先要端正心态对待孩子，切勿对孩子寄予过高的期望。如果孩子总是不能实现父母的期望，他就会对自己失望，进而挫伤孩子的自信心。明智的父母会给孩子制定相对容易实现的目标，这样通过努力就能实现目标，孩子就会获得成就感，也会更加充满自信。这个社会已经那么功利，父母无须再为孩子的功利心添一把柴火，使其越燃烧越旺盛。对于孩子而言，单纯快乐地成长，就是最好的成长。

其次，父母要给孩子自由。很多青春期的孩子渴望自由却不得，是因为父母还把他们当成小孩子对待，把他们控制得死死的，这样不但会影响亲子关系，也会使孩子感受不到成长的快乐。电视剧《虎妈猫爸》表现出很多家庭在教育孩子方面进入的误区，那就是过度限制孩子，不给孩子成长的自由。

再次，父母要尊重孩子，平等对待孩子。很多青春期孩子最大的苦恼，是不能得到父母的尊重和平等对待。在有些父母比较爱耍“权威”的家庭里，孩子甚至没有机会表达自己的观点。在这样长期的压抑之下，孩子还有什么个性可言呢?

最后，父母要对孩子的忧伤感同身受。站在成年人的角度，会觉得青春期的孩子是“为赋新词强说愁”，实际上根本没有必要发愁。然而，这只是父母作为成年人的感受而已。要想真正走入孩子的内心，了解孩子的喜怒哀乐，父母不仅要从孩子的角度看问题，也要设身处地地理解孩子的情绪感受，这样才能感同身受。即使父母真的认为孩子的忧伤不值一提，也不要轻视孩子的感受，而是要慎重对待孩子的感受，认真倾听孩子的想法。作为父母，要珍惜孩子的每一次表达，因为这意味着孩子还很信任父母，还愿意向父母敞开心扉。

当父母的身份开始转变，当他们既是孩子的父母，也是孩子的朋友，还是孩子的知己，在孩子需要倾诉的时候给孩子耳朵，当孩子需要温暖的时候给孩子怀抱，当孩子需要鼓励的时候给孩子信任的目光，这样，孩子的忧愁才会越来越少，自信和快乐才会越来越多。

多观察，少询问

孩子进入青春期，就像是进入了狂风骤雨的暗夜，谁也不知道前面会遇到什么，谁也不知道何时才能风停雨歇，迎来黎明。所以，作为父母，总是非常用心地呵护青春期孩子，总是对青春期孩子各种揣测，生怕一个疏忽，就错过了孩子细腻和敏感的心思。

在进入青春期之后，原本如同小喇叭一样每天说个不停的孩子突然变得沉默了，父母想从孩子口中问出点儿话来都很难，这可怎么办呢？曾经嫌弃孩子说起话来没完没了的父母会感到抓狂，不知道怎么做才能打开孩子的心扉，让孩子把在学校里一天发生的事情都告诉父母，把自己的喜怒哀乐尽情地向父母倾诉。对于青春期孩子而言，这一点显然很难做到。有的时候，父母问得越多，孩子越是厌烦，说不定还嫌弃父母唠叨呢！

既然孩子进入青春期，不愿意多说，那么作为父母就要调整策略，从问孩子转为认真观察孩子。孩子不管有何异常，都一定会露出端倪，父母只要用心观察，总能发现蛛丝马迹。很多父母平日里就大大咧咧、神经大条，对孩子也很粗心，即使孩子身上发生了很严重的问题，他们也浑然不觉，这是父母的失职。

父母经常询问，会让孩子感到自己不被信任。父母要在信任孩子的基础上，观察孩子的行为，倾听孩子的心声，加深对孩子的了解。越是了解孩子的父母，越容易发现孩子的异常，这一点毋庸置疑。当然，在此过程中不要忽略孩子的独立性，要知道孩子渴望得到父母的尊重，也希望得到父母的平等对待，他们想要与父母平等地商议很多事情，希望摆脱父母的束缚。而唠叨，恰恰是试图控制孩子的表现，所以父母一定要避免唠叨。

瑞瑞是家里的独生子，正在读初三。从小到大，他都是家里的“小皇帝”，更是名副其实“十八里地的一颗独苗”。因为瑞瑞的爸爸妈妈也都是独生子女，所以爷爷奶奶和姥姥姥爷更是把所有的爱都倾注到瑞瑞的身上。就这样，瑞瑞在全家人的关爱中幸福快乐地成长，有任何愿望都能得到满足。他性格很开朗，每天都开开心心的。

但是，自从升入初三之后，妈妈发现瑞瑞的心事越来越重了。他仿佛有很多的小秘密隐藏在心里，既不愿意告诉爸爸，也不愿意告诉妈妈。哪怕父母主动问他，他也目光躲闪。爸爸妈妈很担心，他们生怕瑞瑞从此就和父母生分了，也担心瑞瑞遇到了什么难事自己扛着。为了改善与瑞瑞的关系，在瑞瑞生日那天，爸爸妈妈带着瑞瑞去吃披萨，希望瑞瑞在吃着美食的时候能够放松下来，和父母回到曾经的状态。

看到瑞瑞开心地吃着自助餐，妈妈忍不住问：“瑞瑞，你最近有没有不开心的事情？”瑞瑞摇摇头，说：“没有啊，都很好。”妈妈继续追问：“但是，我总觉得你最近变得不爱说话了，是不是学习上遇到难题，或者和同学相处有什么问题呢？”瑞瑞继续摇头，妈妈又问：“那么，你是早恋了？”瑞瑞突然厌烦起来，对妈妈说：“哎呀，我什么事情也没有，还能不能好好吃饭了？”爸爸看到妈妈被瑞瑞抢白，有些不悦地说：“瑞瑞，注意你的态度。我和妈妈都是为了你好，才会关心你，生怕你遇到难题不愿意告诉我们。”瑞瑞压抑住厌烦，抬起头，看着爸爸妈妈说：“那么，我现在就很郑重地告诉你们，我没有任何问题，好吗？现在可以好好吃披萨了吗？”爸爸妈妈都不知道如何和瑞瑞继续沟通，只好沉默着。

在这个事例中，爸爸妈妈直接地问瑞瑞，瑞瑞哪怕有些不开心，也不会愿意说的。如果他想说，即使爸爸妈妈不问，他也会说出来。其实，爸爸妈妈的出发点是好的，带着瑞瑞吃披萨，让瑞瑞感到放松。但是，要想找到最佳的问话时机，并不容易，需要父母耐心等待，很多时候欲速则不达，过于着急反而会导致事情变得糟糕。

具体来说，父母应该怎么做呢？

首先，要注意察言观色。现实生活中，父母必然是爱孩子的，也想要了解孩子的点点滴滴，但是孩子不断成长，不再像小时候一样一直都在父母的身边。他们活动的半径越来越大，所以父母不可能对孩子所有的事情都了如指掌。在这种情况下，父母只是询问，并不能得到孩子的如实描述，所以父母要学会察言观色，通过观察孩子在很多细节方面的表现，觉察孩子的变化，这样才有可能洞悉孩子的内心。

尤其是在和孩子交流的时候，父母对于孩子的情绪状态和随机反应更要保持高度敏感。如果孩子对所谈论的话题很感兴趣，也愿意回应，那么父母可以抓住这个机会继续深入沟通；反之，如果孩子对所说的话题表现出明显的厌烦情绪，父母要马上终止交谈，或者换一个话题来试探孩子的反应，以免之前营造的良好沟通气氛被破坏，使沟通半途而废。

其次，如果父母与孩子直接语言沟通不太顺利，可以采取亲子日记或者写小纸条的方式。当青春期的孩子情绪暴躁的时候，父母很容易与孩子发生矛盾，产生争执。在这种情况下，父母可以和孩子共写一本亲子日记，把心中的感触和担忧都写在日记上给孩子看，这样反而能够达到良好的效果。如果没有亲子日记，还可以采取写小纸条的方式，在和孩子有矛盾不便于进行语言沟通的时候，言简意赅地写一张小纸条，说不定会有助于亲子沟通，也有助于消除与孩子之间的误解呢！

最后，父母要拓宽与孩子沟通的话题，不要总是询问孩子的学习情况。作为成年人，如果总是有人追着我们问这个月能拿到多少薪水，我们的感觉一定非常糟糕，就像被人追债一样，会产生压迫感，也感觉非常紧张。对于孩子来说，如果父母张口闭口都在问他们学习情况，那么他们不但不会觉得父母是在关心自己，还会误以为父母根本不关心他们，而只关心他们的学习。父母要关心孩子的方方面面，例如，孩子在学校里的一天过得是否快乐，有没有认识新同学，有没有感到不快乐；孩子喜欢做什么事情，爱看什么电影，或者和孩子一起讨论一本现象级的畅销书，这样在说起感兴趣的话题时，父母才会和孩子产生共鸣，孩子也才愿意敞开心扉与父母进行沟通。

父母要明确一件事情，即一切教育都要建立在沟通的基础上，尤其是家庭教育，因为并不像学校教育那么系统和目标明确，所以更是要建立在良好沟通的基础上。父母只有在自己与孩子之间建立良好的沟通渠道时，才能保证家庭教育的有效实施。如果父母总是对孩子居高临下、颐指气使，那么孩子一旦对父母关闭心扉，父母就无法继续与孩子沟通，也就不可能教育和引导孩子。所谓磨刀不误砍柴工，看起来谈论与学习无关的内容并不利于督促孩子学习，而实际上父母如果真的和孩子成为朋友，孩子就会更愿意采纳父母的建议，在很多事情上也会主动征求父母的意见。

教育不是一味地讲道理

在若干年前，大多数中国家庭都信奉棍棒教育，父母张口就说：“棍棒底下出孝子”“三天一打，考进北大”。不得不说，这些对于教育孩子的错误理解在很多父母心中根深蒂固，要想在短时间内改变，是很难的。近些年来，教育从应试教育向着素质教育转变，棍棒教育也渐渐地被赏识教育取代。在国家和人民的共同努力下，很少有父母对孩子非打即骂了。但是由此也进入了另外一个误区，即很多父母只是一味地表扬孩子，哪怕孩子犯了很严重的错误，也只是一味地跟孩子讲道理。仿佛讲道理就是教育的“撒手锏”，能解决孩子身上的所有问题。不得不说，这是从一个极端走向了另一个极端，讲道理对孩子的成长虽然有一定的好处，但过犹不及。

很多父母都发现，只是给孩子讲道理，并不能起到良好的效果。如果父母总是态度温和地和孩子讲道理，渐渐地，就会变成孩子心目中“唐僧”，孩子只会厌烦地堵上耳朵，对父母的话充耳不闻。有的时候唠叨过火了，还会产生物极必反的效果，使孩子产生逆反心理，故意与父母对着干。每当说到这里，父母总是很委屈：“我们也不愿意每天对孩子唠唠叨叨，但是孩子并不能主动把各种事情做好，不唠叨不行啊！”或者，有些父母会说：“孩子总是犯错误，讲完道理，下次依然犯错误，真是让人崩溃！”

不管是督促孩子去做某件事情，还是帮助孩子改正错误，讲道理也许能起到一定的作用，却并不能获得最佳的效果；而且反复讲道理，效果并没有呈现正增长。这就像人感冒了输液一样，如果输液两三天也没有起到任何效果，那么接下来就要换其他药物进行治疗，讲道理也是如此。当讲道理不能产生预期的作用时，就要换其他有效的方法来解决问题。例如，为了让孩子按时主动地做一些事情，父母可以在家庭里制定规矩，而且全家人都要遵守规矩。又如，孩子犯了很严重的错误，而且屡次讲道理都不能改正，那么父母可以制定严厉的惩罚措施，让孩子意识到他们必须为自身的错误行为付出代价，承担责任，这样一来，孩子就会长记性。如今，大多数父母都认为孩子是肯定不能打的。其实，公安大学的李玫瑾教授对此有不同的见解，她认为在孩子还不能从理性层面深刻认识错误的情况下，在孩子犯了严重错误却不能悔改的情况下，打至少可以让孩子感到疼痛，让他们为了避免再次挨打而收敛自己的行为，这样就给了孩子认知和改正错误行为的时间和机会。由此可见，教育不是一味地讲道理。正如邓小平所说的，不管是黑猫还是白猫，能抓住老鼠的才是好猫。对于家庭教育也是同样的道理，不管是什么样的教育方法，只要能够起到最佳的作用，才称得上是好方法。

那么，孩子为何厌烦说教呢？父母会发现，每当与孩子进行沟通的时候，尤其是在讲道理给孩子听的时候，孩子往往很不耐烦。但是孩子如果和小伙伴在一起玩耍，说起属于他们的话题，却马上眉飞色舞、滔滔不绝，几个孩子还会争抢着说呢！由此可见，孩子对父母的说教不感兴趣，而且父母也并没有把话说得让孩子爱听。很多父母都进入一个误区，即迫不及待地想要把自己在生活中摸爬滚打这么多年获得的经验告诉孩子，却不知道自己并不能代替孩子成长，有些事情，孩子必须亲身经历，才会有深刻的感悟。

此外，父母还要意识到，教育不是简单地向孩子灌输各种大道理就能实现的，更不能靠着说教就能取得良好效果。教育是有的放矢地引导，需要对孩子因材施教。所以，父母要在了解孩子的基础上，理解孩子的困惑和苦恼，也要耐心地引导和帮助孩子。每当孩子犯错的时候，父母就喋喋不休，恨不得凭着自己的一张嘴就把孩子的错误纠正过来。殊不知，这只会让孩子反感，激起孩子的逆反心理。如今的孩子，尤其是初高中生，都非常辛苦。每天都要在学校里学习八九个小时，回到家里还要花好几个小时来完成各科作业，睡眠严重不足，身心都很疲惫。在这种情况下，如果父母不理解孩子，还对孩子喋喋不休，孩子就会更加厌烦。父母要知道，家庭教育是一份终生从事的事业，没有谁天生就会做父母，更没有谁在有了孩子之后就能成为合格且优秀的父母。在做父母这方面，人人都是"摸着石头过河"，与其说是在引导孩子成长，不如说是陪伴孩子一起成长。

在家庭生活中，对于很多日常的事情，与其每天都催促孩子，不如制定规矩，人人都遵守。在处理很多事情的时候，与其给孩子讲大道理，不如身教，给孩子树立积极的榜样。例如，2020年春节因新冠肺炎疫情严重，全国人民都宅在家里不出门，进行抗疫战斗。在漫长的时间里，如果每天都在看电视、玩游戏，时间就这样荒废了。而如果父母能够主动捧起书本学习，孩子就会受到父母的影响，也就不好意思天天看视频、玩游戏，睡到日上三竿才起床了。父母要知道，孩子的自控力有限，他们更多地受到本能的驱使。作为父母，要想培养孩子的自控力，帮助孩子健康快乐地成长，就要以身作则，因为身教的作用远远大于言传。

父母是孩子的第一任老师，孩子是父母的镜子。父母的教育模式，父母为孩子精心营造的家庭氛围，都会折射在孩子的成长之中。不管孩子身上出现什么问题，父母都要第一时间反思自己，要认识到一定是自己在某些方面做得不够好，才对孩子产生了负面影响。当看到孩子出现困惑和烦恼的时候，不要不以为然，而是要深入挖掘孩子的心理原因和情绪原因，才能有针对性地解决问题，也才能发掘出除讲道理之外的其他教育方法。

你的孩子谁做主

放眼世界，中国的父母对孩子的宠爱程度是名列前茅的。中国父母对自己孩子的爱，是那么浓烈赤诚、那么毫无保留，他们愿意为了孩子付出自己的所有。孩子从呱呱坠地那一刻就得到了父母无微不至的爱，是何其幸运啊！然而，作为父母如果不能随着孩子的成长逐渐调整角色，随着孩子各方面能力的增强而适度放手，那么这份爱就会成为孩子沉甸甸的负担，甚至会限制和禁锢孩子的成长。

在2岁之前，孩子的自我意识还没有发展，他们误以为自己与外部世界是一体的。到2岁左右，孩子的自我意识逐渐形成，细心的父母会发现，这个年龄的孩子最喜欢说的一句话就是“我的，我的”，这意味着孩子开始把自己与外部世界区分开来，也把自己与父母区分开来。从心理学的角度而言，两三岁的孩子开始进入宝宝叛逆期。在7—9岁，孩子还会经历成长叛逆期。随后，孩子到12岁，进入人生中最长的叛逆期——青春叛逆期。通常，青春叛逆期会从12岁前后开始，一直持续到18岁前后。经历了三个叛逆期后，也意味着孩子步入成年。在各个叛逆期期间，父母与孩子之间会发生很多冲突，尤其是在青春叛逆期，很多父母与孩子的关系甚至可以用针锋相对来形容。

随着青春期的到来，父母为何会和孩子频繁地发生矛盾和冲突呢？究其原因，是为了一个最本质的问题——谁做主。孩子小的时候，父母习惯了安排孩子吃喝拉撒等一切事情，也习惯了孩子的听话和顺从。而随着孩子自我意识的觉醒和发展，孩子变得越来越有主见，从父母的角度来说就是越来越“不听话”。如果父母不能跟随孩子成长的脚步调整自身的角色，还像孩子小时候那样对孩子下达命令，要求孩子必须无条件服从自己，那么就会导致亲子关系紧张。孩子的独立，正意味着他们在成长，这是绝大多数父母期盼的。但是，当真正面对的时候，父母却很惊慌、很无措。对于绝大多数父母而言，要学会接受孩子的成长，努力适应孩子的独立自主。

最近，学校里要组织作文比赛。佳琪的作文写得很好，老师想让佳琪参加比赛。然而，佳琪也是学校合唱团的成员，合唱比赛的时间恰巧与作文比赛时间冲突。这就意味着，佳琪只能二选一。佳琪毫不犹豫地选择参加合唱团比赛，而放弃了作文比赛。

得知佳琪的选择，妈妈很不满意。这天傍晚，佳琪刚刚放学回到家里，妈妈就开始喋喋不休：“佳琪，唱歌有什么好的，对学习也没有帮助，还是去参加作文比赛吧。唱歌以后有的是机会，这次作文比赛可是省级比赛，说不定能得到获奖证书，将来还有助于考高中呢！”佳琪对妈妈翻了个白眼：“我才上初一呢，还有两年多才考高中，等下次再参加作文比赛，机会还很多。而且我喜欢唱歌！”妈妈感到很恼火：“喜欢能当饭吃吗？喜欢能帮助你提升成绩吗？你可知道参加作文比赛老师会辅导你们，这对于你提升作文水平、提高语文成绩，可是大有好处的。”佳琪有些不耐烦：“哎呀，妈妈，能不能别再说了，我已经决定参加合唱比赛了！”妈妈斩钉截铁地说：“不行，你赶紧告诉老师，你要参加作文比赛。”佳琪生气地说：“你想参加，你自己去参加吧，反正我不去，我一定要去唱歌。”就这样，妈妈和佳琪谁也没有说服谁，最终不欢而散。

在这个事例中，佳琪是个多才多艺的孩子，既擅长唱歌，又擅长写作，所以她有两个好机会，一个是参加合唱比赛，另一个是参加作文比赛。因为时间冲突，在这两者之间佳琪毫不迟疑地选择了参加合唱比赛，可见她真的很爱唱歌。只可惜妈妈的想法与佳琪不同，她先是劝说佳琪，看到佳琪的反应后，又很生气地强制要求佳琪。但是正如佳琪所说的，妈妈也许可以自己去参加作文比赛，却没有办法强迫她。

其实，不管是作文比赛还是合唱比赛，对于孩子而言都是宝贵的机会和难得的历练。既然不管选择参加作文比赛还是合唱比赛，对于佳琪都是进步和成长，妈妈其实没有必要强求佳琪必须参加作文比赛。孩子大了，有自己的主见是好事，毕竟将来人生的道路还很长，父母不可能始终陪伴在孩子身边。与其剥夺孩子自由做主的机会，让孩子长大之后无法独立面对人生、做出选择，不如从小就有意识地培养孩子独立自主，这样孩子在成长过程中才会得到更多锻炼的机会，也会越来越勇敢无畏，在做出各种选择的时候才能够理性坚定。

从现在开始，父母不要再强求青春期的孩子对自己言听计从。一旦度过了青春期，孩子就真正地长大成人了，父母要未雨绸缪，预先培养孩子独立性，这样孩子才能快乐茁壮地成长。父母把做主的权利交还给孩子吧！尤其是对孩子而言自己能处理好的事情，一定要让孩子自己决定。这样既能培养孩子的独立性，让孩子变得有主见，也有助于建立良好的亲子关系，培养深厚的亲子感情。

第三章

尊重与平等，为孩子营造爱与自由的成长氛围

在生活中，很多父母误以为自己需要给予孩子的是丰厚的物质条件。其实不然。对于孩子的成长而言，给孩子尊重与平等、爱与自由，才是最重要的。父母都能为孩子提供物质条件，但是真正能够满足孩子精神和情感需求的父母，却少之又少。只有优秀的父母才能为孩子提供源源不断的精神养料，让孩子身心健康地茁壮成长。

了解孩子，是家庭教育的前提

如果父母根本不了解孩子，那么也就无所谓家庭教育。了解孩子是家庭教育的前提。所有的父母要想教育孩子，就要在了解孩子的基础上因材施教。随着孩子不断地成长，很多父母都会发出这样的感慨："孩子越是长大，越是不好管教，根本就不听话！""儿大不由爹啊，孩子现在可是放飞自我了，我们说的话根本就不听！""真不知道这些孩子每天心里都在想什么，神秘兮兮地，都不愿意和我们说话！"当孩子出现这样的情况时，也就意味着家庭教育面临着很大的困境，因为父母和孩子之间沟通的桥梁已经被阻断了；这也意味着父母无法了解孩子，也就不能做到理解和包容孩子，更无法对孩子进行教育。

很多父母都不理解青春期的孩子为何行为举止那么怪异，实际上，孩子所有行为的背后，都是有原因的。孩子不会无缘无故地与父母作对，一定是他们的心理发生了一些变化，才导致他们的行为发生变化。有些父母知道青春期的孩子情绪波动很大，而且特别敏感，也很担心孩子会有心理疾病，或者有难言之隐，不愿意对父母倾诉。面对孩子紧紧关闭的心扉，他们只能无奈地说："现在的孩子根本弄不懂，教育孩子真是世界上最高深的学问。"尽管对孩子的问题可以一言以蔽之，但是针对孩子的难题并没有得到解决。很多父母都不曾意识到，想要更好地教育孩子，必须深入地了解孩子。而那些已经意识到了解孩子重要性的父母，才算是真正走到了家庭教育的大门口。只是，要想进入教育的大门，他们还需要做好准备，那就是如何了解孩子。

《少年儿童研究》杂志的办刊格言是："教育孩子的前提是了解孩子，了解孩子的前提是尊重孩子。"的确，现实的生活中，有太多的父母都不愿意尊重孩子，更没有主动地了解过孩子。而一切的家庭教育都要以了解孩子作为基础，这样才能减少误解。日常生活中，很多父母忙于工作，很少有时间和孩子沟通，更不会陪着孩子玩耍。其实，这对于孩子来说是很不公平的。对孩子而言，在成长的过程中，父母的陪伴是不可或缺的养料。看起来父母只是陪着孩子，并没有刻意去做什么，实际上孩子在此过程中就会受到父母的影响，也会获得安全感，还能确信自己是被爱的。这对于构建良好的亲子关系至关重要，是家庭教育的坚实基础。

具体而言，父母要如何填平与孩子之间的沟壑，真正做到尊重孩子、了解孩子呢？

首先，作为孩子的监护人，父母要了解孩子的身体状况和发育情况。例如，孩子在参加常规体检时的那些数据，父母都要非常了解，包括身高、体重、视力情况等。很多父母都有定期体检的意识，却忽略了孩子也需要定期体检。当发现孩子的行为表现出现异常时，父母首先要排除孩子在生理上感到不舒服的因素，然后再考虑孩子的心理因素。

其次，要了解孩子的心理健康。健康分为两个方面，一个是身体健康，另一个是心理健康。如今，成年人患抑郁症的情况很常见，父母们却没有想到，孩子也会患上抑郁症。曾经有人说，抑郁症属于精神和心理疾病，而现在已经有科学家提出，抑郁症是由于器质性病变引起的。所以当发现孩子有心理问题的时候，切勿轻视，而是要及时关注，并且带着孩子及时寻求专业人士帮助，例如心理医生的帮助。如果孩子的心理疾病比较严重，还需要按照医嘱服用相关的药物进行控制。总之，父母不能轻视孩子的心理问题。据研究机构的调查结果显示，在我国，至少有四成以上的孩子都有心理问题，虽然程度不同，但是都对孩子产生了一定的影响。心理疾病由器质性病变作为基础，反过来，严重的心理疾病又会损害人的健康，使人的自然免疫力持续下降，新陈代谢机能也遭到破坏。长此以往，身体怎么会不生病呢？正是基于这一点，联合国卫生组织提出了一个口号："人类健康的一半是心理健康。"认识到这一点，父母才会更看重和关注孩子的心理健康，才能采取及时有效的措施帮助孩子保持心理健康。

最后，要了解孩子的智力水平。很多父母看到孩子学习表现不好，成绩不理想，总是会埋怨和责怪孩子。实际上，每个孩子的智力水平是不同的，这也就意味着每个孩子在学习方面的天赋是不同的。有的孩子学习天赋高，在学习上轻轻松松就能出类拔萃；有些孩子学习天赋低，哪怕很努力认真地学习，也只能保持中等水平。

那么，孩子的智力水平体现在哪些方面呢？通常情况下，智力水平包括记忆力、理解力、判断能力、思维能力、想象力和解决问题的能力，等等。不管父母是否愿意承认，孩子们在智力发展水平上的确表现出参差不齐的特点。他们不但综合智力水平有高有低，而且自身各种能力的高低也是不同的。例如，有的孩子很擅长理解，有的孩子擅长机械记忆，有的孩子擅长逻辑思考。父母要做的是，在了解孩子智力水平的基础上，根据孩子的天赋和特长，有的放矢地引导孩子学习，让孩子能够在成长过程中有更好的表现。

另外，父母要了解孩子的兴趣爱好。如今，几乎所有的父母都给孩子报名参加各种补习班，为了提升他们的学习成绩；或者是参加兴趣班，为了让孩子有才艺。看起来，孩子们学得五花八门，各有所长，而实际上，孩子真的喜欢自己所学的吗？太多的父母在为孩子报名兴趣班的时候，并没有征求孩子的意见，也不知道孩子真正感兴趣的到底是什么。他们为孩子选择兴趣班的唯一标准，是父母喜欢什么或者父母希望孩子掌握什么才艺。人们常说，兴趣是最好的老师，可想而知，对于父母硬塞给自己的兴趣爱好，孩子们很难发自内心地喜爱。父母要了解孩子的兴趣爱好，在选择培养孩子的兴趣爱好时，才能有目标、有方向。

当然，父母需要了解孩子的很多方面，并不仅仅局限于上述所列举的这几点。每个孩子都是世界上独一无二的生命个体，都是不可取代的，都是与众不同的。父母既要发自内心地尊重孩子，也要真心地了解孩子，这样才能更贴近孩子的心灵，更好地进行家庭教育。

父母要与时俱进，陪伴孩子成长

父母与青春期的孩子之所以频繁地发生矛盾，有很大一部分原因是父母没有跟上孩子成长的脚步。在很多父母心中，孩子是需要父母精心照顾和全力呵护的幼小生命，所以他们对于孩子亦步亦趋，不管做什么事情，都想代替孩子做决定，哪怕是孩子可以独立处理好的问题，父母也不愿意放手。父母不知道，在不知不觉间，孩子已经长大了，他们已经不再是那个凡事都需要依赖父母的小人儿，他们有了自己的思想和主见，他们想要根据自己的想法做出选择。这样一来，父母与孩子之间的矛盾就产生了：孩子渴望独立，父母却紧握大权不放。

说起来，这很像《刻舟求剑》的故事。如果说成长是一艘船，在人生的河流中不断地前行，那么船已经靠岸了，父母却误以为掉落的剑还在船上雕刻痕迹的地方。这样的错位，是父母和青春期孩子矛盾不断的一个重要原因。作家龙应台说："所谓父母与子女一场，只不过意味着，你和他的缘分就是今生今世不断地目送他的背影渐行渐远……"偏偏有些父母不愿意让孩子离开自己，他们一方面盼望着孩子快快长大，一方面又想出各种办法阻碍孩子成长。作为父母，不得不承认，孩子长大了，再也不是那个牵着父母的手不愿意松开的宝宝了。下面有一组资料准确地说明了随着孩子的成长，父母与孩子之间的关系也在不断地变化。

五岁的孩子认为，父亲是超人，无所不能；十岁的孩子渐渐发现，父亲并非无所不能，有些事情，父亲也常常感到无奈；二十岁的孩子认为，父亲是世界上最无能的人，而且特别迂腐；三十岁的孩子认为，父亲对于某些事情的看法有点儿道理；四十岁的孩子在遇到难题的时候，认为自己有必要征求一下父亲的意见；五十岁的儿子怀念着父亲在世的日子，深深感受到“家有一老，如有一宝”。

看到这样的资料，作为父母的你有何感想呢？虽然这样的对比寥寥数语，却鲜明地勾勒出在孩子心目中父亲的角色在不断变化。对于年幼的孩子而言，父亲的形象是非常高大的，而对于青春期的孩子而言，父亲并非无所不能。等到孩子进入青年时代，就会发现父亲老朽而无能。但是随着生活阅历的增加，对人生的感悟越来越深刻，他们才与父亲产生了共鸣。其实，在此过程中，父亲的变化并不如孩子所感受到的那么巨大，而孩子之所以在不同的年龄阶段对父亲有不同的认识，是因为他们自身在不断地成长。作为父母，要认识到这一点，才能更好地与孩子一起成长，与时俱进地陪伴在孩子身边。

毋庸置疑，很多处于青春期的孩子都具备了判断能力，而且他们会根据一些信息进行严密的推理和逻辑思考。他们会发现曾经被他们视为神人的爸爸妈妈也只是普普通通的人，既会有喜怒哀乐，也会有优点和不足，因而父母的神人形象在他们心中崩塌。在这个阶段，父母如果不能及时调整好心态，选择更合理的方式与孩子进行沟通和交流，而是继续像孩子小时候那样，对孩子不停地说教，还强求孩子听从父母的建议，只会导致亲子之间相处得不愉快。尤其是父母试图驯服孩子的时候，孩子更是会奋起反抗，因为他们急于与父母建立新的相处模式和交往模式。面对父母的命令，孩子会理直气壮地反驳：“为什么你们可以做，我却不可以做？”“你们要求我做到的一切，你们自己做到了吗？你们如果做不到，就没有资格要求我！”青春期的孩子民主意识增强，父母在他们心中不再是权威，他们不会继续无条件服从父母。为了避免因此而与孩子发生矛盾、爆发冲突，父母必须及时调整心态，根据孩子成长的阶段性特点，选择与孩子更好地相处、更好地沟通。

人具有社会属性，每个人都是社会中的一员。除了在社会生活中扮演着重要的角色之外，父母和孩子还在家庭生活中扮演着各自的角色。每个人的角色都不是一成不变的，而是处于不断变化之中。例如，孩子小时候是儿子、女儿，孙子、孙女，或者弟弟、妹妹。随着不断地成长，他们还会变成哥哥、姐姐，或者丈夫、妻子。而等到他们有了孩子之后，他们又会变成爸爸或者妈妈。整个时代都在发展，整个社会都处于日新月异的变化之中，不管是父母还是孩子，都要随着时间的推移在生活的变化中扮演不同的角色。尤其是父母，面对一个飞速成长的孩子，更应该与时俱进，随时都要成长、随时都要进步，这样才能始终陪伴在孩子身边，与孩子并肩而行，而不会被孩子远远地抛下。

真正优秀的父母亦师亦友

俗话说："可怜天下父母心。"为了抚育孩子，父母操碎了心，也想尽了办法，只为了给孩子提供最好的物质条件，满足孩子全方位的需求。尤其是作为青春期孩子的父母，更会有心力交瘁的感觉，毕竟人到中年，不但要做好工作，还要照顾好家庭，更重要的是，要教育好孩子。在这几项沉甸甸的责任中，教育好孩子是最为任重道远的，稍有不慎就会影响孩子的一生。为此，很多父母都对孩子寄予了殷切的希望，一旦发现孩子无法达到他们期望的样子，他们就会恨铁不成钢，恨不得代替孩子去学习，帮助孩子写作业，也恨不得一股脑儿地把所有知识都填充到孩子的头脑中。也许，在心平气和的时候，每个父母都知道要民主、平等地对孩子，这样一来，孩子才会感受到父母的尊重，才会更加充满自信，更加快乐地成长。然而，理想是丰满的，现实却是骨感的。在现实生活中，很多父母面对孩子经常犯错和成长过程中的种种不尽如人意，往往会歇斯底里，非常苦恼。

抛开父母这个身份不谈，每位父母首先是一个独立的成年人，这就意味着他们有自己的脾气秉性、性格爱好，也有独具特色的为人处世方法，尤其是在工作和生活中，他们也会有各种各样的烦恼、忧愁，也会有感到开心的事情。所以，每个孩子不要强求父母是无所不能的神仙，也不要觉得父母能够应对一切的情况。作为青春期孩子的父母，有谁不曾被孩子气得歇斯底里，甚至号啕大哭过呢？其实，不仅孩子想要和父母亦师亦友，父母也同样渴望和孩子建立友好的关系，盼望着母慈子孝，家庭和睦。

那么，到底怎样才能和孩子建立亦师亦友的理想关系呢？

首先，父母要对自己的角色有准确定位，不要认为自己居高临下就能当好父母，而是要认识到自己还是孩子的第一任老师。父母要在家庭生活中对孩子言传身教，要当孩子的朋友，真正尊重和平等对待孩子，才能打开孩子的心扉，走入孩子的内心。角色定位对于父母很重要，如果父母不曾意识到自己还担任着孩子的老师和朋友的角色，那么就不会有意识地实际去做。

其次，父母要通过了解孩子的变化，调整与孩子相处之道。前文针对孩子的生理和心理变化已经进行了详细的阐述，对于父母如何应对孩子的变化也有相关的内容。父母要把这些内容记在心里，一旦孩子进入青春期，就要及时敏感地捕捉孩子的各种变化，并以此来调整家庭教育的战略，这样才能在孩子进入全新的成长教育阶段后，给予孩子更好的陪伴和照顾。

再次，当父母用心观察青春期孩子时，就会发现他们简直就是问题的大集合体。因为处于身心的快速成长阶段，他们的言行举止会有很多的变化。他们对世界充满好奇，独立意识的发展让他们迫不及待想要摆脱父母的束缚和管教，做回自己。此时，父母不要再去控制孩子，不给孩子任何自由，而是要把曾经管教孩子的条条框框进行调整，只在原则性问题上限定孩子，在那些小问题上要把自主权交给孩子。所谓原则性问题，例如下午放学后几点前必须回家，每天都要主动认真地完成作业，不允许和异性同学单独去某个地方等。在制定规则的时候，还要明确惩罚的措施，否则这些规则根本无法对孩子起到约束的作用。

最后，也是最重要的一点，即在家庭教育中，父母一定要“统一战线”，态度一致，切勿有的唱红脸，有的唱白脸，让孩子感到迷惘和困惑，不知道应该听谁的话才好。在有的家庭里，年轻的父母管教孩子，长辈会横加阻拦；或者爸爸教训孩子，妈妈又会训斥爸爸。这些行为只会削弱家庭教育的力量，让孩子在长辈和父母之间钻空子，非但不能收到良好的教育效果，也不利于家庭和睦。

坚持以上四点，父母与孩子之间的关系即使不能马上进入亦师亦友的状态，也不至于太糟糕。孩子的成长是漫长的过程，在不同的成长阶段，孩子还会有不同的表现。作为父母，要真正了解孩子的所思所想，才能把话说到孩子的心里去，在与孩子的相处中，也才能建立良好的亲子关系，让家庭气氛更为和谐融洽，让家庭教育达到事半功倍的效果。

感受孩子的孤独

如今的孩子很孤独，不仅是因为他们之中大多数都是独生子女，也因为他们不能从父母那里得到尊重和理解。但是有的父母不这么认为，他们觉得孩子有吃有喝，想要什么就有什么，每天上学都有父母接送，从来不需要为生活发愁，简直是世界上最幸福的人。正是因为有这样的想法，才会让孩子感觉更加孤独，因为父母并不认可和接纳他们的孤独。

人们常说少年不识愁滋味，其实这只是因为人们不了解少年。如果真正走入少年的内心，父母就会发现，少年心有千千结，他们心中的忧愁和纠结并不比父母少。有一个机构针对北京市的未成年人生存现状进行调查，发现有大概两成的孩子认为自己没有知心朋友；有大概两成的孩子时常觉得孤独；还有超过四成的孩子对周围的人非常警惕和戒备，不愿意相信他人；也有超过三成的孩子有过离家出走的念头，不想继续在冷漠的家里生活。为何孩子们“身在福中不知福”，反而说自己很孤独呢？这与青少年的身心发展密切相关。

孩子们在进入青春期之后，不管是男孩还是女孩都会觉得自己已经长大了，因此他们渴望着能够在一夜之间变得成熟，就像真正的成年人那样。在这种心态的影响下，他们既不想听父母的唠叨，也不想采纳父母的建议，就连他们曾经非常崇拜的老师，现在在他们的心中也已经走下了神坛，不再是高高在上需要他们仰望的人。曾经，孩子们把小伙伴看得很重要，他们想方设法融入同龄人的队伍，现在他们却与小伙伴渐渐疏远，有什么心事也不会全都告诉小伙伴了。在这样的状态下，青春期孩子俨然变成了一座孤岛，他们疏离了所有人。

从心理学的角度而言，对于青少年来说，感觉到孤独正意味着他们的自我意识开始发展。青春期孩子一方面觉得自己已经长大了，急迫地想要摆脱父母的管束；另一方面，他们还不具备独立生存的能力，因此在遇到自己不能解决的诸多问题时，还需要父母支持他们，为他们提供助力，甚至需要父母为他们解决很多难题。在这样矛盾的状态下，他们非常渴望得到父母的尊重和理解，曾经外向乐观的他们内心的变化越来越丰富，也有了属于自己的小秘密。每当独处的时候，他们会与自己的内心进行对话，这一点反映在社会交往上，就是他们在面对他人的时候不再像以前那样坦率。即便是最亲近的父母，他们也不会毫无保留地把自己所有的心思都和盘托出。他们与长辈之间出现了代沟，与同龄的小伙伴之间产生了隔阂，所以才会那么孤独。

李爽正在读初二。近来，原本活泼开朗的她越来越沉默，常常独自坐在房间里很长时间，即使到了周末，也不再和同学一起出去玩了。看到李爽这样的状态，妈妈很担心，她生怕李爽遇到了难题而不愿意告诉父母，也生怕李爽开始早恋。

一个周末，趁着李爽去上钢琴课，妈妈像做贼一般打开了李爽的日记本，她想从日记本里找到蛛丝马迹，想多了解李爽。然而，李爽既没有遇到难题，也没有早恋，而是在好几篇日记里都写道：孤独百年。人，生而孤独，我太孤独了！

妈妈不理解李爽为何会觉得孤独，她又不敢直接就这个问题与李爽沟通，只好和爸爸私下讨论。爸爸想了想，说："是不是因为学业压力太大，心理出问题了？我觉得你还是想办法带她去看看心理医生，让心理医生为她解开心结，很多抑郁症患者就是从感到孤独开始发病的。"说起抑郁症，妈妈很紧张。后来，她找出各种理由带着李爽去看心理医生，心理医生在和李爽交谈之后，对妈妈说："孩子没有得抑郁症，就是真的感觉孤独。她是独生女，你和她爸爸也是独生子女，这就注定了她连堂兄弟姐妹或者表兄弟姐妹都没有。进入初中之后，同学们都忙着学习，彼此之间的交往少了，而你和爸爸又忙于工作，所以她感觉自己就像一个'独行侠'。建议你们既要多关注孩子，也要抽出时间经常陪伴孩子。"妈妈恍然大悟，这才意识到李爽真的很孤独。

现实的生存状况也是导致青少年孤独的原因，但是很多父母自己也是独生子女，所以就忽略了这方面的因素，因为他们觉得孩子就该独自长大。即使孩子明确地告诉他们自己很孤独，他们也不知道孩子为何觉得孤独。尤其是进入初中阶段，学习压力增大，孩子每天都要学习多种课程，还要写作业，父母想不明白孩子为何还会有时间感到孤独呢？其实父母不知道，有一种孤独，就是深刻隐藏在喧嚣背后的。看起来孩子每天的课程安排的都很紧张，时间更是没有一分一秒的浪费，但是他们并不曾和同龄人或者父母进行心灵的交流。人是群居动物，需要生活在群体中，而所谓的生活在群体中，并非单纯指形式上身边有很多人，而是指要与他人进行交流，进行互动。

要想帮助孩子摆脱孤独的状态，父母首先要认识到孩子为何感到孤独，这样才能有的放矢地帮助孩子。有心理学家经过研究发现，如今孩子们之所以感到孤独，主要有以下三个原因。第一，中国有很多的独生子女，他们的父母也是独生子女，所以在成长过程中他们没有得到关系亲密的同龄人陪伴，而父母又因为忙于工作，往往把他们交给老人看管，很少陪伴他们。第二，城市化进程的加快，使得高楼大厦取代了城市里的平房，邻居之间也没有了可以共同活动和使用的院子，家家户户回家就关门，出门就锁门，和邻居缺乏日常交往。第三，父母为了照顾孩子，保证孩子安全，并不鼓励孩子与他人深入交往，尤其是禁止孩子随随便便地结识陌生人。这样一来，孩子生活的环境就会越来越闭塞，在孩子的社交圈子里，朋友更是少得可怜。

作为父母，要认识到，父母不管怎样陪伴孩子，都无法取代同龄人在孩子成长过程中的重要作用。因而，作为双独家庭里的独生子女，更应该拓宽人际交往的范围，结识更多的同龄人，与同龄人一起玩耍、一起成长。此外，父母不管工作有多么忙，也不要忽略孩子，更不要不负责任地把孩子交给老人抚养。老人即使很疼爱孩子，也无法取代父母在孩子成长过程中的重要作用。越是年幼的孩子越是需要父母的悉心照顾和陪伴，否则他们就会缺乏安全感。如果孩子长期处于孤独的状态中，心灵被孤独啃噬，性格就可能存在缺陷，严重的可能患上焦虑症、抑郁症。父母在职场辛苦地打拼，归根结底不就是为了给孩子提供更好的生活条件，让孩子健康快乐地成长吗？所以当教育孩子与完成工作之间无法保持平衡时，父母要能够区分孰轻孰重，也要衡量并做出正确的选择。孩子的成长过程是不可逆的，一旦出现严重的心理疾病，父母即使拥有再多的钱，也无法换回健康的孩子。

引导孩子接纳和掌控情绪

很多父母都发现，青春期孩子的情绪就像六月的天，说变就变，也许前一刻还晴空万里，后一刻就阴云密布。为此，父母们都觉得青春期的孩子很难捉摸，在和孩子相处的时候常常会对孩子的反复无常感到莫名其妙。实际上，情绪变化迅速且复杂，正是青春期孩子的心理特点。那些因为孩子的情绪反复变化而焦虑的父母，要了解青春期孩子的心理特点，从而更加从容地接受孩子的情绪表现。

那么，什么是情绪呢？是对人的一系列主观认知经验的统称，是多种感觉、思想、行为综合产生的心理和生理状态。它是人们针对外界的人和事情而发生喜、怒、哀、乐、惧等心理变化，表现在神态、动作上，就是情绪的外化。除了因为青春期体内激素水平剧烈变化，导致情绪反复无常之外，还有些孩子之所以很情绪化，是因为受到了父母的负面影响。有些父母，脾气并不是很好，总是胡乱发泄情绪，即使当着孩子的面，对自己的情绪也丝毫不加以收敛，这样一来就会在无形中影响孩子。例如，妈妈喜欢大喊大叫，孩子也往往喜欢大喊大叫；爸爸性格暴躁，如同炮仗一样点火就炸，孩子的脾气也好不到哪里去。有些父母压根儿没有意识到自己对孩子的负面影响，而是在被孩子的糟糕情绪冲击时，感到非常焦虑。我们在前文就已经说过，孩子一切问题的根源都在父母身上，所以作为父母，要想引导孩子掌控情绪，就要先学会掌控自己的情绪，给孩子做好榜样。

也有一些父母平日里管教孩子特别严格，这也不让孩子做，那也不让孩子动，结果孩子变得畏畏缩缩，性格内向，胆小怯懦。面对这样的孩子，父母也许会觉得孩子很听话而引以为傲。却不知道，在某个的时间段里，孩子很有可能会出现情绪爆发的现象，一改往日里乖乖仔的形象，故意与父母对着干，也会做出很多出格的事情挑战父母的底线。这会让父母非常抓狂，但是对于孩子而言，这既是自我的释放，也是不可避免的。这就是物极必反的原理，在孩子的成长上同样适用。所以父母要注意，不要一味地压制孩子，使得孩子的情绪就像正在酝酿的火山一样，终有一日会突然喷发，让父母措手不及，也无以应对。

豆豆今年 13 岁，正在读初二。从幼儿园到初中一年级，他都是一个乖乖仔，虽然学习成绩在班级里处于中等水平，但是不管做什么事情，他都很乖巧，也很听父母的话，从来不让父母操心。不但父母对豆豆很满意，就连那些教过豆豆的老师，对豆豆的印象也非常好，说豆豆是班级里最省心的孩子之一。对于这样的豆豆，爸爸妈妈寄予了极高的期望，也想方设法为豆豆创造最好的条件，计划着让豆豆按部就班地顺利完成学业，找到一份四平八稳的工作，开始四平八稳的人生。

然而，自从升入初二，豆豆就像变了一个人。平日里从来不会顶撞妈妈的他，只要听到妈妈开始说话，就马上满脸不耐烦，有的时候还会嫌妈妈唠叨；妈妈不让他去做的事情，他偏偏要去做，如果被妈妈批评，就和妈妈大吵大闹。有一次，豆豆和爸爸之间发生了冲突，居然和爸爸动起手来。看到豆豆性情大变，妈妈感到很失望，也很绝望，索性不搭理豆豆，不和豆豆交流。然而，眼看着豆豆做的事情越来越出格，妈妈意识到这样任由豆豆继续发展下去根本不是办法，只好求助于儿童心理专家。听到妈妈讲述豆豆的变化，儿童心理专家说，豆豆是因为平日里太过压抑，情绪才会突然喷发。心理专家对妈妈说：“其实，问题的根本原因并不在孩子身上，而是在父母的身上。每个人都会有情绪，不管是外向还是内向，孩子也是如此。很多时候，孩子没有把情绪表现出来，并不意味着他们没有情绪，而是因为他们压抑了情绪。你们要给孩子一个情绪出口，让孩子在有了情绪之后能够及时宣泄，这样孩子才能保持情绪健康。”心理专家的一番话让妈妈恍然大悟，她这才意识到自己平日里对豆豆压制得太狠了。在妈妈改变对待豆豆的方式之后，豆豆的情绪大大好转。随着妈妈的积极改变，豆豆也渐渐地学会了控制自己的情绪，变得平和了。

除了被父母压制或者受到父母不良情绪影响之外，孩子还会因为其他的原因导致情绪爆发。例如，青春期孩子大多数都在就读初中或者高中，和小学阶段相比，学业压力更大，作业量也大增，这让孩子感到紧张焦虑，既不知道如何才能完成所有的学习任务，也不知道自己能否做到最好。此外，自从升入初中后，与同学的关系也有了微妙的变化。如果说小学阶段孩子们很少互相攀比，那么进入初中阶段，孩子们的虚荣心越来越强，因而热衷于攀比。当孩子发现自己学习成绩不如别人好，家庭条件不如别人优渥，心理就会失去平衡，内心也会变得越来越紧张和无助，因而情绪突变。

总而言之，孩子的任何情绪变化都是有原因的。父母不要一味地指责孩子脾气大、性格不好、情绪糟糕，而是要透过现象看本质，从孩子的情绪变化看到孩子的真实心理状态和情绪状态。当然，绝对避免孩子情绪变化是不可能的，因为人是感情动物，每个人都会产生各种各样的情绪。当孩子产生负面情绪后，父母就要引导孩子及时疏导情绪，给予孩子更多的关心和引导，也可以教会孩子通过一些积极的方式宣泄情绪，例如愤怒的时候可以去跑步，或者去看电影，还可以玩会儿游戏，或者大声地喊出来，或者吃喜欢的美食，做喜欢的事情等。这些都是发泄情绪的好方式，对自己和他人都无害，而且能够有效地宣泄情绪。最好不要把负面情绪积压在心中，随着情绪越积越多，终有一天会突然爆发，导致非常严重的后果。如果青春期的孩子始终处于负面情绪中，还会导致学习的时候无法集中注意力，不能做到专注、有效；也会让孩子的心态变得浮躁，对很多事情都不能脚踏实地地去做，更不能发挥出自己的最佳水平，真可谓得不偿失。

为了避免孩子陷入负面情绪无法自拔，每当孩子犯错误，或者孩子的表现不能让父母满意时，父母要采取正确的方式为孩子指出错误，而不要一味地指责和否定孩子。孩子还不具备自我评价的能力，他们往往会把父母对他们的评价作为自我评价。这样一来，父母的负面评价就会给孩子造成更为严重的后果和影响，让孩子失去自信，变得自卑，陷入沮丧，这对孩子而言简直就是毁灭性的打击。父母既是孩子的老师，也是孩子的朋友，更是孩子崇拜的对象，在和孩子沟通的时候，一定要谨慎，选择恰当的语言和孩子交流，也要考虑到自己的话会给孩子带来怎样的负面影响。这才是对孩子负责任的态度和做法，也是有助于孩子健康成长的做法。

设身处地，对孩子的想法感同身受

每一位父母都自称是最爱孩子的人，他们拼尽全力去工作，只为了给孩子提供更好的物质条件，为孩子创造更好的成长条件。然而，他们忽略了孩子的成长不但需要物质的支持，更需要精神的养料。大多数孩子都面临生存的矛盾状态，即在物质上很富足，在精神上却很贫瘠，这是父母考虑不周造成的。

当孩子进入青春期，父母会发现在很多方面与孩子都存在不同的观点。每当面对一件事情发生争执的时候，父母与孩子总是寸步不让，各自说各自的道理，谁也不愿意接受对方的观点。每个人都坚持认为自己的观点是正确的，每个人都像《盲人摸象》的故事中某一位盲人那样，受自身认知的局限，却不愿意再为自己打开一扇窗，接受外面的广阔世界。从本质上说，人是主观动物，每个人都会站在自身的角度去考虑问题。这是人之常情，却并非无法避免。因为如果世界上的所有人都特别主观，而且固执己见，那么任何与他人共同参与的事情就不可能获得成功。然而，现实的社会偏偏要求我们学会融入团队之中，学会与人合作，这样才能把自己的微小力量融入集体的力量之中，也才能借助团队的力量做自己想做的事情，与团队及团队的每一个成员之间实现相互支持，相互成就。

虽然父母和孩子是世界上血缘关系最近的人，但是父母和孩子之间的交往也要符合普通的人际交往法则，那就是为对方着想，站在对方的角度思考问题，理解和体谅对方。只有这样，才能消除亲子之间的代沟，彼此信任。

再过几天就是雅丽的生日了。周末，妈妈拿了300元钱给雅丽，说："雅丽，你的生日就要到了，你想要什么礼物，或者想以怎样的方式过生日，由你决定。这是生日的活动经费，妈妈不干涉，也由你决定怎么花费。"听了妈妈的话，雅丽难以置信地瞪大眼睛："妈妈，你说的是真的吗？我可以自己支配这300元钱吗？"妈妈点点头，肯定地说："当然是真的，你可要好好规划啊。"

妈妈话音刚落，雅丽就迫不及待地说："我不想吃生日蛋糕，也不想要生日礼物，我要和几个同学一起去外滩玩一天，吃各种美味的小吃，好好地狂欢一天。"妈妈马上表示反对："不行，外滩是旅游胜地，那么多外地人来上海都要去外滩，万一你遇到坏人怎么办？而且，你和同学们在一起胡吃海喝，要是喝醉了酒，那可不安全。"雅丽原本堆满笑容的脸上马上垮了下来："刚刚你还说不干涉我，由我自己安排啊！我和同学们一起，我们不喝酒，也不胡乱玩，就是吃小吃。而且，我们都这么大了，一定能够保证安全的。"妈妈还是斩钉截铁地说："那也不行。你如果想请同学们吃饭，就在咱家附近的自助餐厅吧，各种美食都有，万一遇到危险，我也能及时赶到。"雅丽扫兴地说："算了，不过了，每年都在自助餐厅过生日，显得我们多么贪吃一样！"看到雅丽满脸不开心，妈妈陷入了沉思。

作为妈妈，当然最担心孩子的安全问题，但是作为孩子，却只想自由自在地飞翔。其实，雅丽和同学们相约去外滩玩耍，并不一定会发生危险，只是妈妈太过担心雅丽了。从理性上来说，妈妈还是希望雅丽能自主安排自己的生日的，毕竟雅丽长大了，早晚有一天要独立面对很多事情。可想而知，妈妈的心态其实是很矛盾和纠结的，她一方面不想干涉雅丽，一方面又担心雅丽会有危险。

很多父母都曾有过这样提心吊胆的感觉。例如，孩子第一次独立乘坐公共交通工具去某个地方，父母在家里一定会心神不宁，在脑海中想象着孩子会遇到的各种危险，等到孩子终于在父母的提心吊胆中回到家时，父母悬着的心才会放下来。经历过这一次之后，等到下次再遇到同样的情况时，父母对孩子就不会那么担心了。从这个意义上来说，孩子经历的第一次，也是父母经历的第一次，父母不管身在何处，都在陪着孩子一起经历着第一次。

要想做到换位思考，站在孩子的角度考虑问题，父母就不能只是满足作为父母的需求。有些父母打着民主的旗号和孩子商议很多事情，却早已在心中打定了主意，所谓商议，只是和孩子走个过场而已，这并不利于培养孩子独立自主的品质。父母在和孩子商议一些事情的时候，一定要非常真诚，切勿对孩子抱着先入为主的观念。要知道，孩子虽然年纪小，但是他们并不傻。他们很容易就能分辨父母的真心和假意，也马上就会知道父母是真的想和他们商议，还是仅仅是在搞形式主义。父母只有发自内心地尊重孩子，真正平等地对待孩子，才能赢得孩子的信任，与孩子进行良好的沟通。

在和孩子沟通的过程中，父母还要选择以合适的方式来进行。有些父母习惯了对孩子居高临下地下命令，也许孩子小时候并不反感，但是随着不断地成长，孩子就会越来越反感，因为他们的自我意识已经形成，独立意识也越来越强。所以父母要选择合适的方式与孩子沟通，同样的一句话，用不同的方式说出来，往往会有不同的效果。这就是人们常说的，“会说话的人说得人笑哈哈，而不会说话的人说得人气鼓鼓”。父母要掌握语言的艺术，才能以语言作为钥匙打开孩子的心扉。

当父母不能理解孩子的奇思妙想或者做出那些看似愚蠢的决定时，不妨放下成年人的视角，想一想自己在和孩子一样大的时候是怎么想的，又是怎么做的。当想起自己青春期时做出来的那些可笑的、愚蠢的、气人的事情时，父母就会更加宽容孩子，也会意识到孩子并非在无理取闹，更不是故意惹怒父母，而是因为他们在这样的年纪里就只能做这样的事情。不管在什么情况下，想要说服他人都是很难的，必须做到晓之以理，动之以情，才能真正说服他人，让他人心服口服。父母固然可以压制孩子，但这并不是长远之计。随着不断成长，孩子自身的力量会越来越强大，如果只靠压制，父母早晚会有无法招架的那一天。所以，明智的父母要学会设身处地站在孩子的角度考虑问题，从而把话说到孩子心里去，也才能真正地说服孩子，让亲子沟通更顺畅，关系更友好，也让对方感情更深厚。

要建议，不要命令

作为成年人，你愿意被他人命令吗？如果此时此刻你正在摇头，那么你就要牢牢记住一点，孩子也不喜欢被他人命令。这是因为命令带着居高临下的气势，往往会给人以压迫感，让人感到紧张，又情不自禁地想要抗拒。对于同一件事，比起命令，不妨以建议的方式说出来，也许对方会更容易接受。看到这里，也许有些父母会说："孩子还小，哪里有那么多讲究，况且父母辛辛苦苦养大孩子，命令孩子还不是天经地义的吗？"这么想的父母很难做到尊重孩子，平等地对待孩子，因为他们从心理上就认为孩子比父母低一等，自然在行动上也会压制孩子。

不可否认的是，父母的确辛辛苦苦养大了孩子，但这是父母的责任和义务，而不是父母对孩子的施舍。很多父母都觉得孩子欠着自己的，实际上这样的想法大错特错，要知道，父母当初生下孩子可没有经过孩子的同意，父母完全是自愿生下孩子的。既然如此，父母养育孩子也应该是自愿的、主动自发的行为。父母养孩子是义务，而不是为了有朝一日要找孩子算账。想明白这一点，父母就会知道自己并不能因为养大了孩子，就可以对孩子下达各种命令，就可以对孩子颐指气使。

孩子既不是父母的私有物，也不是父母的附属品。随着孩子不断成长，父母应该学会从孩子的生命中抽离，给予孩子更为广阔的空间去享受自己的人生，创造自己的人生。有太多的父母不管孩子做什么事情，都对孩子指手画脚，似乎孩子离开了他们的操控，就无法生存一样。这完全是父母把自己看得太过重要了。只要父母正常地教养孩子，把孩子培养成身心健康的人，孩子完全有能力过好自己的一生。所以父母不要总是对孩子下命令，而是要学会以委婉的方式给孩子提出建议。只要不涉及原则性问题，不会对孩子造成伤害，不如放手让孩子独立思考，自主决定，而父母要做的就是默默支持孩子，哪怕看到孩子撞南墙，也不要后悔，因为很多事情孩子注定只能亲身去经历，才能获得成长，有所进步。

乐乐正在读初一，是一个高大帅气的“暖男”，在班级里很有女孩缘。初一开学没过多久，乐乐就收到了女同学的情书。这可怎么办呢？乐乐从来没有过这方面的经验，不由得慌了，虽然把情书藏在了书包里，但是回家之后仍然做贼心虚，躲在房间里不敢出来。看到乐乐如此反常，妈妈马上意识到一定发生了什么事情。但是，她并没有直接审问乐乐，而是想等乐乐主动告诉她。

接连几天，乐乐都没有和妈妈说起情书的事情，妈妈有些担心。趁着乐乐周末出去打篮球，妈妈翻看了乐乐的书包，发现了情书。看完之后，妈妈的心情久久不能平静：一直以来，妈妈与乐乐之间的关系都是很民主的，也很友好，这次乐乐隐匿这封情书不告诉妈妈，也许是因为他也喜欢写情书的女孩。妈妈这么猜测着，决定旁敲侧击地给乐乐提个醒。

傍晚，乐乐打篮球回家，妈妈语重心长地对乐乐说：“乐乐，上了初一，感觉和小学阶段有什么不同吗？”乐乐列举了很多不同给妈妈听，妈妈笑起来，说：“我可真羡慕你啊，初中正值青春年华，无忧无虑，快乐成长，多好啊！还有这么多同学可以一起玩，一起打篮球，一起去郊游。再想想我们那个时候，似乎除了早恋，就没有其他事情可以做了。”听到妈妈说早恋，乐乐惊讶地瞪大眼睛看着妈妈："早恋是一种娱乐？"妈妈说："可不是，我们小时候家里穷，没有钱给我们买玩具。上了初中，男生和女生就开始互相写纸条，不过最终都无疾而终了。我们班级里的班长，原本是个品学兼优的男生，就因为和一个学习不好的女生早恋，结果学习成绩越来越糟糕，到最后连高中都没考上，只上了个职业高中，现在在老家的厂子里当工人呢！"乐乐若有所思，妈妈趁热打铁："乐乐，你现在上了初中，未来也会接触到早恋这个问题。你长大了，妈妈不想过多干涉你，不过我建议你为了自己，不要过早地谈恋爱，因为早恋一定会分散时间和精力。如果初中不认真学习，考不上高中，你就彻底与大学失之交臂了。你可以和很多女生男生一起玩，但是不要和某一个女生走得特别近。而且，将来你考上好大学，会有很多优秀的女孩可以选择，何必过早地把自己局限在某一个女孩身上呢，这就相当于为了一朵不起眼的花，放弃了整片花海，非常可惜，你觉得呢？"乐乐重重地点点头，说："妈妈，我明白你的意思，我不会这么糊涂的，放心吧！就算我要和班级里的女孩谈恋爱，我也会先和她相互鼓励，一起考上名牌大学，可不能自毁前程啊！"听了乐乐的话，妈妈赞许地对乐乐竖起大拇指："这才是我充满智慧的儿子啊！"

在这个事例中，如果妈妈直接指责乐乐收到情书的事，那么乐乐就会对妈妈非常反感，说不定还会为了和妈妈作对而故意早恋呢！青春期孩子的逆反心理很强，有的时候，父母说往东，他们偏偏要往西；父母说前进，他们偏偏要后退。父母在和青春期孩子沟通的时候，一定要选择合适的沟通方式，既能避免激发孩子的逆反心理，也能起到良好的沟通效果，让孩子乐于接受父母的建议，这才是上上策。

为了拉近与孩子的距离，父母还可以讲一些自己成长过程中的糗事给孩子听。当孩子知道父母在青春期也有和自己一样的困惑时，他们就不会站在父母的对立面，也不会对父母的关心抱着戒备的状态。在这么做的时候，父母还要注意，不要强求孩子一定要和父母年轻的时候一样，这是因为时代在发展，社会在变化，周围的大环境变了，孩子拥有的是与父母不同的青春期成长经历。当父母可以敞开心扉与孩子沟通，当父母站在孩子的角度为孩子提出合理中肯的建议，孩子又怎么会强烈反对，坚决拒绝呢?

父母要学会反省

在家庭教育中，很多父母都是高高在上的“权威”，他们觉得自己所说的话、所做的事情都是正确的，而并不把孩子的言行看在眼里，不认可孩子，甚至常常会否定和打击孩子。殊不知，在这个世界上，没有任何人能够保证自己始终都是正确的。父母是凡人，孩子也是。偏偏有很多父母都认识不到这一点，他们对孩子百般挑剔，使孩子无所适从，生怕自己做这个也不对，做那个也是错，连手和脚应该放在哪里都不知道。

有人说，父母是孩子的老师，孩子是父母的镜子。明智的父母很善于反省，每当发现孩子这面镜子上有问题的时候，他们并不急于批评和否定孩子，而是会先从自己的身上寻找原因。古人云，“子不教，父之过”，是有一定道理的。很多孩子身上之所以有各种各样的缺点和不足，都是受到了父母的影响。作为父母，只有时时以反省的方式擦拭自己，才能让孩子这面镜子保持干净清爽。父母除了自身的言行举止会影响孩子之外，家庭氛围也会对孩子产生深远的影响。近几年来，原生家庭的概念被频繁提起，这是因为孩子的所有问题都可以在原生家庭中找到蛛丝马迹，找到可循之迹。性格孤僻的父母养育不出乐观开朗的孩子，心胸狭隘的父母养育不出心胸开阔的孩子，消极悲观的父母养育不出积极向上的孩子。如果孩子内向自卑，那往往是因为父母总是批评和否定他们，而且父母的世界观就是很消极的；孩子遇到困难就想退缩，往往是因为父母没有迎难而上的态度，常常会当着孩子的面选择放弃；父母心思恶毒，孩子又怎么会善良呢？孩子根本意识不到自己的做法是恶毒的，会继续这样一头雾水地模仿父母的言行举止。

要想教育好孩子，父母就要坚持自我反省，在认识到自身的不足之后，应从以下几个方面修正自己的言行举止，为孩子树立积极向上的榜样，对孩子起到正面的影响。

第一，父母要成为孩子的表率。在很多家庭里，都有“只许州官放火，不许百姓点灯”的情况发生。父母就是“州官”，孩子就是“百姓”。父母作为州官为孩子制定了各种规矩，限制和规范孩子的言行举止，而父母自身不遵守这些规矩，这让孩子感到愤愤不平：凭什么你们就享有特权呢？

除了在规则制定方面，父母要以身作则，成为孩子的表率之外，在言行举止方面父母也要多加注意。有些父母喜欢当着孩子的面说脏话，渐渐地，孩子也养成了说脏话的坏习惯；有些父母性格暴躁，喜欢打人，尤其是在孩子不听话的时候，他们总是对孩子“动手动脚”，那么等到孩子进入集体生活，就会表现出明显的暴力倾向。孩子就像是一张白纸，需要父母给他们着色，所以父母更要谨言慎行。在二人世界里，父母可以随意打闹，言行随意，但是当着孩子的面，父母就要言行规范，以正己身。

第二，父母要坚持学习。很多父母都把教育看得太过简单，以为自己随着人生规律升级为父母，就可以成为合格且优秀的父母。遗憾的是，这显然是父母的一厢情愿。现实的情况是，有太多的父母只凭着本能去爱孩子，而对所谓的教育一窍不通。也有些父母热衷于向长辈或者其他同龄的父母取经。殊不知，教育对象不同，同样的教育方法未必能取得相同的效果。作为父母，是很有必要学习教育学和儿童心理学的，这样才能形成正确的教育观念，也才能掌握科学有效的教育方法，使家庭教育取得更好的效果。

有人说，当好父母是需要穷尽一生去做好的伟大事业。的确如此。没有人天生就会当父母，甚至有些父母在教养好第一个孩子之后，面对第二个孩子的到来，也会感到抓狂，因为他们发现养育第一个孩子的经验根本不能套用到养育第二个孩子上。因为第二个孩子是与第一个孩子截然不同的生命个体，所以即便已经是两个孩子的父母，也依然需要坚持学习，陪伴孩子一起成长。

第三，父母要以宽容的态度接纳孩子、理解孩子、包容孩子。很多父母都发现，如今青春期的孩子说起话来满嘴“胡言乱语”，父母甚至听不懂孩子们到底在说什么。在这个信息大爆炸的时代，孩子们很容易接触到网络，也会从网络上学习各种新鲜的词汇，如果父母不是网络潮人，就会面临无法与孩子沟通的窘境。每当听到孩子说起不是“人话”的话，有一部分父母会感到很生气，甚至责令孩子不许说网络语言。其实，这是父母闭塞的心态在作怪。虽然很多网络语言都不符合常规的语言表达习惯，但是它们既然能够流传开来，一定是有原因的，也是能够为大多数人所接受的。父母要想不被青春期的孩子甩下，也可以适度地接触网络语言，还可以多向孩子请教，让孩子当自己的老师，这样一则能够缩小与孩子之间的差距，二则可以满足孩子好为人师的心理，三则还可以增进亲子关系，可谓好处多多。

第四，父母要真正为孩子考虑。很多父母之所以对孩子提出各种要求，并非真的在为孩子考虑，更多的是为了满足自己的虚荣心。例如，有些父母要求孩子每次考试都要考取第一名，试问，父母在青春期的时候做到这一点了吗？古人云：“己所不欲，勿施于人”，父母更不应该强求和刁难孩子。也有些父母看到孩子的学习成绩不理想时，对孩子非打即骂。殊不知，打骂也许会让孩子一时对父母感到畏惧，获得一定效果，但是当父母把打骂这个教育方式用滥了，孩子就会产生逆反心理，甚至故意与父母对着干。这样一来，父母也就黔驴技穷，再也没有有效的方式教育孩子了。

父母在批评和教育孩子的时候，要始终牢记一个原则，不管采取怎样的方式教育孩子，终极目的就是把孩子教育好，让孩子成才。如果父母本末倒置，忽视了教育的终极目的，而把打骂孩子作为常规的教育手段，那么最后的结果一定会让父母失望。

在成长的过程中，孩子难免会犯各种各样的错误，也可以说，犯错就是孩子成长的一种方式。面对孩子的错误，父母不要急于批评和苛求孩子，而是要深刻认识到作为父母，自己对孩子肩负着怎样的责任，也要认识到孩子的很多问题都与父母密切相关，这样才能在教育孩子的过程中养成时刻自我反省的好习惯，才能引导孩子在各方面都表现得越来越好。

第四章
倾听，才是沟通的第一步

很多父母误以为，所谓沟通，就是父母要喋喋不休地说，孩子要专心致志地听。这么想的父母，恰恰是把顺序颠倒了。对于父母而言，与孩子之间真正的沟通，不是始于倾诉，而是始于倾听。毕竟，是父母急切地想要了解孩子的所思所想，是父母迫不及待地想要知道孩子的真情实感。只有倾听，才能打开孩子的心扉；只有倾听，才能迈出亲子沟通的第一步。

倾听的魅力你不可不知

亲子关系虽然是世界上最亲密无间的血缘关系，实际上，亲子关系的本质依然是普通人际关系的一种。作为父母，在和孩子相处的过程中，总是会犯一个错误，那就是常常唠叨不停、自顾自地对孩子说一些话，根本不在乎孩子的想法；还有些父母会强求孩子必须听父母的话，对孩子各种禁止、各种命令。在这样一个以父母为权威的家庭里，孩子很少有机会表达自己的内心想法，他们想要倾诉，却没有值得信任的对象；他们想要得到父母的理解，父母却不能耐下心来倾听他们。长此以往，孩子会越来越孤僻，渐渐地，就封闭了自己的内心，再也不愿意和父母沟通了。

当孩子进入青春期，原本觉得孩子很啰唆、爱说话的父母，渐渐地，陷入了亲子相处的困境。面对孩子紧紧关闭的心扉，他们既不知道如何叩开孩子的心门，也不知道如何激发孩子的谈话兴致。曾经嫌弃孩子是个话痨，此刻他们多么希望孩子能够再像以前那样不管有什么事情都告诉父母啊！然而，孩子却变得沉默。其实，孩子并不是不愿意表达。青春期的孩子身心都快速成长，他们本该有很多的话要告诉父母，也会面临很多烦恼和困惑，需要父母为他们解开心结。但是，他们在试图和父母沟通的过程中，发现爸爸忙于工作、妈妈忙于家务，根本没有时间坐下来静静地听他们说。自己好不容易鼓起勇气说出的心声却被父母忽略后，孩子倾诉的欲望会越来越弱，他们更愿意独自消化一切的不快，独自应对所有的心事。从这个角度来看，是父母的冷漠和忽视，让孩子关闭了心扉。每一个想和孩子保持顺畅沟通的父母，都要懂得倾听的魅力，要在倾听的过程中，了解孩子的所思所想，也对孩子的情绪情感感同身受。

放学回到家里，杜鹃看起来满腹心事，进门换了拖鞋，就回到房间里待着，很长时间都没有出来。对于杜鹃的表现，妈妈感到很纳闷：这是怎么了，有什么不开心的事情吗？但是妈妈没有贸然去询问杜鹃，而是决定静观其变。晚餐时，杜鹃明显胃口不佳，食欲不振，只吃了很少的食物，妈妈还是强忍住关切心情，没有询问杜鹃。

晚上，杜鹃抱着被子躺到妈妈身边。已经长得和妈妈一般高的杜鹃，时而还会躺在妈妈身边，重温母女依偎的时光。杜鹃突然开口说道："今天有很多不开心的事情。我很喜欢的一个同学，因为这次月考成绩不理想，被调到平行班的B班了，他很伤心，我也很伤心。这次，学校里组织暑假旅行，很多同学都报名参加了，但是学校名额有限，所以只能择优录取。我和好朋友一起报名的，我被选上了，她却没有被选上，所以她劝说我也不要参加。但是，我真的很想参加，我打定主意要参加，不知道她是否会因此而生我的气……"杜鹃就像是在自言自语地说着，妈妈放下正在阅读的那本书，伸出胳膊把杜鹃抱在怀里，回应"真的吗""那太遗憾了""你应该去，要按照自己心中想的去做"之类的话，并没有给予杜鹃具体的指导。杜鹃说完之后，趴在妈妈怀里撒娇地说："妈妈，谢谢你听我讲话。和你说完之后，我觉得自己心中的大石头没有了，否则我感到特别压抑，特别沉闷。"妈妈抱着杜鹃，脸在杜鹃的头发上摩挲着，说："不管有什么烦心事，你都要告诉妈妈，妈妈很愿意听你说呢！"就这样，母女二人相互依偎着，进入了香甜的梦乡。

在这个事例中，妈妈充满了智慧，她知道如果杜鹃不想说，即使她一直在追问，杜鹃也不会愿意说出来。所以她始终在耐心地等待着，直到夜晚到来，周围静悄悄地，杜鹃才主动对妈妈敞开了心扉，诉说了自己的烦恼。虽然妈妈并没有给杜鹃任何切实有效的指导，也没有帮助杜鹃做出决定，但是妈妈的倾听对于杜鹃而言已经是最好的帮助。有的时候，孩子只是需要倾诉，而并不急于得到帮助或者指导。很多父母在孩子开始倾诉的时候，就会迫不及待对孩子指手画脚，指责孩子此前做得不够好，或者抱怨孩子没有做出明智的选择，责怪孩子总是笨手笨脚。总而言之，他们急于批评和否定孩子，而没有想到孩子之所以向父母倾诉，真正想得到的是什么。在孩子没有明确要求父母代替他们决定一些事情或者指导他们做出明智选择的情况下，父母要做的就是安静地倾听，只需要给孩子最简单的回应即可。父母的倾听，既让孩子觉得他们并不孤独，也让孩子感受到父母的爱和关心。

倾听，似乎是很容易做到的，只要付出耳朵即可。实际上，真正的倾听不但要付出耳朵，还要付出真心。很多父母尽管也在倾听，却心不在焉，手中一直在忙着自己的事情，只是偶尔回应孩子一下。而有些父母听到孩子说话，马上就会放下手中做着的事情，看着孩子的眼睛，面带微笑倾听孩子的讲述，必要的时候还会给予孩子简单的回应，这才是高质量的倾听。

从现在开始，让我们摒弃一切忙碌的理由，在孩子需要的时候，认真地倾听孩子倾诉吧。倾听，不但可以让我们接近孩子，还能在父母和孩子之间搭建沟通的桥梁，让家庭教育更有成效。

要想有效沟通，请让倾听先行

在亲子沟通的过程中，很多父母都会忽略孩子的感受。他们自以为是地认为在倾听孩子说话，实际上却是沉浸在自己的世界里，只顾着关注自己的感受。孩子的诉说，对于他们而言似乎只是一种可有可无的背景音乐，因为不管孩子说什么，他们都笃定自己的想法，认定自己要以某种特定的方式对待孩子。对于年幼的孩子，这样的倾听也许还能蒙混过关，但对于青春期孩子而言，这样倾听的质量是很低的，根本不能对孩子起到良好的教育作用。

在家庭教育中，和说教相比，倾听更重要。很多父母都抱怨孩子不尊重父母，也不能理解和接纳父母，那么请问作为父母，你是否真心地接纳孩子、理解孩子呢？尤其是对于青春期孩子而言，他们也许已经得到了太多的说教，他们最迫切想要做的事情，就是倾诉。所以父母以倾听的姿态面对孩子，远比摆出一副高高在上的姿态更有效，也更能打开孩子紧闭的心扉。在漫长的成长过程中，孩子如同海绵吸水一样吸收和接纳很多东西，而倾听恰恰是输出的过程，是孩子表达内心真实的想法和所思所想的绝佳途径。在亲子相处中，面对同样的问题，父母是摆出说教的姿态对孩子居高临下，还是摆出倾听的姿态聆听孩子的心声，所取得的效果是截然不同的。

傍晚放学回到家，纪宇的情绪很激动。才刚刚打开家门，他就喊道：“我恨宁波，我讨厌宁波，我和宁波再也不是朋友啦！”正在厨房做饭的妈妈抬起头，惊讶地看着纪宇，而纪宇已经进入房间，重重地关上了门。妈妈原本想冲过去问纪宇，好不容易才说服自己留在厨房里继续做饭。晚餐时分，妈妈问纪宇：“你和宁波怎么了？”纪宇怒气冲冲地说：“他背叛了我！”妈妈听后笑了起来，说：“小屁孩谈什么背叛不背叛，况且你们只是朋友，不存在背叛的关系吧！你一定又小题大做，你总是这样小心眼！”听到妈妈的话，纪宇生气地说：“你既然不相信我，那还问我做什么呢？”

晚上，爸爸加完班回到家里，妈妈把纪宇的情况告诉了爸爸，爸爸走到纪宇的房间，耐心地问：“纪宇，今天在学校过得怎么样啊？”纪宇正在气头上，又因为被妈妈误解而感到委屈，因而滔滔不绝地说了十几分钟，把和宁波之间发生的不快全都告诉了爸爸，还把妈妈对他的不公也告诉了爸爸。爸爸一直没有说话，只是看着纪宇的眼睛，时而点头，时而对纪宇微笑。待纪宇倾诉完了之后心情好多了，爸爸才说：“我以前也有和你一样的经历，就是我的秘密被好朋友泄露了。当时，我很生气，事后一想，其实是我自己没有保守好秘密。对于绝对不能被人知道的事情，我们唯一的方法就是选择将其烂在肚子里，绝对不说出去。而对于那些说出去的事情，我们就没有必要强求对方一定要保密，因为世界上没有不透风的墙，很多事情只要被人知道，就总会以各种方式流传出去。”听了爸爸的话，纪宇陷入了沉思，良久才点点头，说：“爸爸，我明白了。”

在这个事例中，妈妈并没有倾听纪宇倾诉，甚至在纪宇还没有讲述事情的真实情况时，妈妈就对纪宇做出了判断，这让纪宇觉得自己被妈妈误解了，因而更加恼火。和妈妈的沟通方式截然不同，爸爸很尊重纪宇，也能用心倾听纪宇的话。所以在纪宇倾诉的十几分钟里，爸爸一直在耐心倾听，没有打断纪宇，纪宇才有机会把事情原原本本地讲述出来，纪宇的情绪在此过程中也得到了发泄。等到讲完整件事情的始末，纪宇已经不像一开始那么冲动和愤怒了。

在此基础上，爸爸再耐心地引导纪宇，以自身的经历告诉纪宇，这件事情其实没有什么大不了的，让纪宇更容易接受。细心的父母会发现，要想知道在孩子身上到底发生了什么，而孩子又是怎么想的、怎么做的，其实并不难。只要倾听，就可以打开孩子的话匣子。不管在什么情况下，倾听的力量远远大于说教的力量，善于倾听的父母很容易走入孩子的内心深处，既能够了解孩子的真实想法，也能够更加深入地与孩子沟通。

具体来说，父母如何做到倾听孩子呢？要注意以下三点。

首先，父母要真正关注孩子。在倾听孩子时，最忌讳的就是父母一直在做自己的事情，眼睛也不看着孩子，只是偶尔嗯哼一声敷衍孩子。倾听时要放下手里的事情，要看着孩子的眼睛，与孩子进行眼神交流，要及时给予孩子回应。

其次，父母要用心倾听孩子。当孩子的听众时，要付出真心，不要带着完成任务时敷衍了事的态度，孩子已经说了很久，父母却不知所云。尤其是在面对孩子的提问或者求教时，父母答非所问，这会让孩子感到非常沮丧。有些父母在倾听孩子时，不能具有朋友的心态，依然高高在上地指责和否定孩子，这会让孩子感到兴致索然，不想再和父母继续沟通了。

最后，父母要有耐心。每个孩子的表达能力是不同的，有些孩子说起话来有条有理，干脆利索，而有些孩子表达能力相对比较弱，讲述事情的时候难免会啰唆些。这种情况下，父母要耐心听孩子讲完，哪怕知道孩子的真实意思，也不要随便打断孩子的话。如果打断孩子的话，一则会使孩子觉得自己不被尊重，二则也会打乱孩子的思维，使孩子的思维更混乱。

现实生活中，有些孩子很高兴地想要告诉父母一件事情，父母却以忙着工作或者忙着做家务为由拒绝倾听。不得不说，这不仅会严重打击孩子倾诉的积极性，也会导致孩子疏远父母。孩子虽然小，却也有一个小小的世界，是一个独立的生命个体。父母与孩子之间尽管有着至亲的血缘关系，却依然要遵循人际交往的原则，只有这样才能建立顺畅的沟通渠道，才能彼此尊重、彼此信任。尤其是在家庭教育中，父母一定要给孩子话语权，与孩子之间建立良好的亲子关系，彼此尊重，彼此信任。

读懂孩子的眼神

人们常说，眼睛是心灵的窗口，对孩子而言，眼神比语言更能够表达真实的情感。作为父母，要想深入了解孩子的心理和情感状态，就要读懂孩子的眼神。只有这样，父母才能了解孩子的内心想法，从而更好地引导和教育孩子。

通常情况下，孩子在犯错误之后会低着头，不敢抬头直视父母的眼睛，这意味着他们已经认识到了错误，知道自己哪里做错了，正在自我反省，此时父母就不要再批评孩子、责怪孩子，而是应该给孩子机会主动认识错误；每当想起那些不愿意被父母知道的事情时，孩子的目光会躲闪，故意看着别处，不愿意让父母看他们的眼睛，这意味着孩子不想让父母洞悉他们的秘密，这时父母不要急于追问，而是要耐心地引导孩子吐露心声；每当心情愉悦、情绪高涨的时候，孩子的目光就会特别有神采，面部的表情也会非常丰富，这意味着孩子的心情很好，父母可以借此机会和孩子分享快乐。如果孩子是因为学习成绩好而有这样的表现，那么父母还要提醒孩子不能骄傲，而是要继续谦虚进步。当孩子身心俱疲或者感到非常沮丧的时候，他们的眼神往往黯淡无光，甚至表现出昏昏欲睡的困倦模样，这时父母就要根据实际情况提高孩子的学习兴趣，或者让孩子及时休息，恢复体力和精神……

在家庭教育中，孩子除了上述这些眼神之外，还会在与父母互动的过程中表现出不同的眼神。例如，有些孩子与父母发生冲突，就会用“仇恨”的眼神看着父母，特别是青春期的孩子，因为叛逆心很强，更容易因为不满等情绪而“仇视”父母，此时父母要对孩子怀着宽容的态度；也有些孩子特别懂事乖巧，他们会用感恩的眼神看着父母，那么父母也要给予孩子爱的回应；当有愿望想要满足的时候，孩子还会用充满期待的眼神看着父母，那么父母要放下手中正在做的事情，积极地回应孩子，询问孩子有什么需要帮助的地方……眼睛是心灵的窗口，孩子不同的眼神正表现出他们不同的心理状态，在这种情况下，父母要敏感地捕捉孩子的眼神，洞察孩子的内心。父母只有了解了孩子的各种眼神，才可能了解孩子的内心。

今天，是公布期中考试成绩的日子。在上一次的月考中，佳宁的成绩不错，妈妈对他的希望是：再接再厉，在期中考试中更上层楼。谜底就要揭晓了，妈妈和佳宁一样激动。眼看着佳宁就要放学回家了，妈妈也有点坐立不安，恨不得立刻就能问问佳宁成绩如何。

和往常同样的时间，佳宁回到家。佳宁满脸沮丧，妈妈忍不住关切地问：“佳宁，没考好吗？”这时，妈妈发现佳宁的眼睛里有抑制不住的喜悦，突然恍然大悟：“你这个坏孩子，在逗我玩呢，对不对？”佳宁终于忍不住笑起来，对妈妈说：“哈哈，我又有进步了，老师还夸奖我了呢！”说着，佳宁把考试成绩单拿给妈妈看，妈妈高兴极了。

很多孩子都很顽皮，如果考试成绩不好，他们只想躲开父母远远的。如果考试成绩很好，他们或者迫不及待向父母报喜，或者会假装伤心难过的模样，逗着父母玩，想给父母意外的惊喜。细心的父母会从孩子的眼神中发现端倪，因为孩子尽管可以伪装表情，却很难伪装眼神。上面的事例中，妈妈正是发现佳宁的眼神中充满喜悦，才知道佳宁是在故意逗她呢！

面对孩子的眼神，父母未必一定要用语言回应孩子，也可以用眼神与孩子交流。很多孩子在成长的过程中养成了察言观色的习惯，父母随意做出的某一个动作，或者表现出的特别眼神，孩子都能从中感受到父母的态度，区别出父母对他们是冷漠无情还是非常关爱；是极其看重还是不以为然。青春期的孩子是特别敏感的，有的时候他们不会直接对父母进行语言表达，而是先以眼神试探父母，在得到父母的反应之后，再见机行事，决定是否说出自己的所思所想。也有些孩子性格内向，木讷寡言，不想与父母进行语言沟通，那么他也会以眼神表达出自己的真实想法和情绪感受。作为父母，要读懂孩子的眼神，才能与孩子更好地沟通，也才能了解孩子的心思，并且及时给予孩子回应。

有的时候，通过孩子的眼神，父母并不能洞悉孩子的内心。这也没关系，眼神只是父母与孩子心灵对话的通道之一，如果真的不能做到四目相对，心意相通，那么就可以辅助以语言，与孩子沟通。不管采取何种方式，都能起到良好的沟通效果。父母作为孩子最亲近的人，一直在照顾孩子，陪伴孩子，理应是最了解孩子的人。孩子的成长过程是漫长的，这也就意味着父母有更多的时间和更多的机会陪伴在孩子身边，只要父母仔细观察，用心揣摩，总有一天会明白孩子的眼神中蕴含的意思，也能够轻轻松松猜透孩子的心思。

观察孩子的体态语言

体态语言，也是沟通的一种重要方式。除了语言、表情、神态之外，身体也是可以表达情感的。在日常生活中，身体的很多动作都有着特定的含义，不仅成年人可以用这些动作来表情达意，孩子们也会使用这些动作来表达内心。只不过，有些表达是刻意为之，而有些表达是在潜意识的驱使下做出来的，反而更能够表达真实的内心情感。

通常情况下，跺脚表示很生气，鼓掌表示很开心或认可；低着头表示兴致不高，高昂着头则表示充满信心；不停地搓着双手表示内心紧张焦虑，摊开双手则表示非常无奈。在极其痛苦的情况下，人们还会握紧拳头捶打自己的胸部，这是懊恼和沮丧的表现，也意味着追悔莫及。除此之外，还有很多常用的体态语言，在人们日常的使用中已经形成了固定的意思。从心理学的角度进行深入分析，就会发现还有很多体态语言也含有深刻意义，因为普通人并不了解其中蕴含的深层次心理，所以才不被人们广为知道而已。在人际交流过程中，一个人会情不自禁地使用体态语言，正是从这个意义上来说，才有人觉得体态语言甚至比语言、表情、眼神等更能够表达内心。

进入青春期，孩子们不再对父母毫无保留，而是开始有了自己的小心思，开始学着掩饰自己的内心。不过，真实的心理动态会以各种形式表现出来，有些是通过眼神，有些是通过表情，也有些是通过体态。与父母沟通的时候，很多孩子都知道不能和父母顶嘴，于是他们只能压抑自己的内心，极不情愿地听父母说教。这种情况下，体态语言会出卖他们真实的内心。如果父母了解孩子的体态语言，就能知道孩子的真实想法。遗憾的是，很多父母都不曾关注孩子的体态语言，或者即使留意到孩子做出了某些动作，也不能参透动作背后隐藏的深层心理。

绝大多数体态语言都是孩子下意识的行为，甚至连孩子自己都不曾意识到正在做着的这个动作是受到真实情感的驱使。从这个意义上来说，父母如果能解读孩子的体态语言，就能够据此来了解孩子的真实想法。这个发现，简直是亲子沟通的“撒手锏”，即是了解孩子的有效方式，也是体察孩子内心的有效方式。

周末，佳琪想出门和同学一起玩，因而对妈妈说：“妈妈，给我点儿钱吧！”妈妈很纳闷：“你要钱做什么？需要买东西吗？”佳琪低着头，小声地说：“老师让买练习册，我还想买笔和本子。”妈妈看透了佳琪的心虚，说：“佳琪，你已经是初中生了，只要是正当的用途，妈妈不会限制你花钱的。除了买练习册和文具外，你还需要做什么？”

听了妈妈的话，佳琪抬起头，看着妈妈的眼睛说：“妈妈，再过几天是教师节，我和几个同学想凑钱买个礼物送给老师。”妈妈高兴地说：“这是好事情啊。尊师重教，你们知道给老师买礼物，这说明你们长大了，懂得尊重老师，也知道老师的辛苦了。那么，你需要多少钱？”佳琪想了想说：“您可以先给我50元钱吗？如果用不完，我再还给您。”妈妈问：“50元够吗？你不是还要买练习册和文具么，要不给你100元吧。”佳琪羞愧地低下头说：“对不起，妈妈，我刚才撒谎了。我怕您不同意给我钱，就撒谎说要买练习册和文具，其实并不需要。”妈妈笑了起来，摩挲着佳琪的头说："傻丫头，给老师买礼物是好事情，妈妈怎么会不同意呢！在你心里，妈妈就这么小气吗？你呀，以后要用钱就和妈妈说，只要是正当用途，妈妈肯定不会阻拦。但是，下次可不要撒谎啦，否则我真的会生气。"佳琪重重地点点头。

通过观察佳琪的体态语言，妈妈知道佳琪是在撒谎。不过妈妈没有当即指责佳琪，而是表明了自己的态度，给了佳琪信心，鼓励佳琪说出了钱的真实用途。在有了这次的经验之后，佳琪下次再需要用钱，一定不会撒谎，而是会非常坦诚。

孩子进入青春期，也就从小时候的心思单纯，没有心事，到有了自己的小心思，也有了自己的小算盘，他们不会再像以前那样对父母完全敞开心扉。作为父母，要用心观察孩子的体态语言，这样才有助于了解孩子真实的心理状态和真实的想法。当然，对于孩子想要保守的秘密，父母也要给予尊重。发现孩子有些事情不想让父母知道时，父母哪怕心知肚明，也不要戳穿孩子。只有尊重孩子，保护孩子的隐私，父母才能成为孩子的朋友，得到孩子的信任。

听懂孩子的言外之意

古人云，醉翁之意不在酒，在乎山水之间也。这是告诉我们一个人纵情喝酒，并非贪杯，而是沉醉在青山绿水之间。人们做很多事情，并不像表现出来的那样只是最粗浅的意思，而是有可能有更深的用意。最典型的，当属说话。一个人说话，仅仅从字面意思来理解是很肤浅的，如果从字背后隐藏的意思来理解，则意味无穷。

青春期孩子的心思越来越细腻，不再像小时候那样对父母完全敞开心扉，而是有可能采取试探的态度，或者提醒父母别忘记对他们的承诺，或者以语言试探父母对某件事情的态度。有些父母很喜欢和孩子玩这样的游戏，透过字面意思来了解孩子的真实意图；有些父母对此却很反感，他们觉得孩子是在自作聪明，绕来绕去地浪费时间。尤其是那些本身就性格果断、说话干脆的父母，甚至还会训斥孩子不能做到言简意赅。在这样的情况下，孩子就会渐渐不愿意和父母沟通，遇到难题的时候也不再寻求父母的帮助。因此，父母对待孩子要有足够的耐心，切勿动辄就批评和训斥孩子，养育孩子的快乐不正在于此吗？

孩子：妈妈，今天是 11 月 2 号了哦！

妈妈：我知道啊，怎么了？

孩子：没怎么。我以为你不知道呢，就提醒你一下……

妈妈：你能不能别绕弯弯，我的意思是你提醒我这个日期做什么？

孩子：没什么，没什么。你快忙工作吧！

妈妈：你这个孩子说起话来总是这样吞吞吐吐的，让人丈二和尚摸不着头脑。我最后问你一次，你到底要做什么？或者有什么事情？你如果不告诉我，就彻底失去这个机会啦！

孩子：就是……就是……

妈妈：小祖宗，你快说啊，我都急死了，还有一大堆工作没做呢！

孩子：妈妈，我的生日是哪一天？

妈妈恍然大悟：你这么大了，不知道自己的生日是哪一天吗？11月7号啊，还有几天就到了。

孩子悻悻然离开了。

其实，孩子这样暗示妈妈，就是提醒妈妈记得为他买生日礼物，但是不管他怎么暗示，妈妈都没有说到正题上，不知道妈妈是真糊涂，还是在装糊涂！每个孩子都盼望着过生日，这样就可以得到父母赠送的礼物，但是对于青春期孩子而言，直接开口向父母要礼物似乎有些难为情，所以他们会以委婉的方式提醒父母。

作为父母，如果能够听懂孩子的弦外之音，自然皆大欢喜；如果听不懂孩子的弦外之音，就会让孩子很失落。那么，父母如何做才能根据孩子的字面意思，了解孩子的“弦外之音”呢？

首先，在听孩子说话时，父母要用心，突破字面意思的局限，思考孩子说这些话的真实意图。例如，孩子当着父母的面说自己不喜欢某个老师，父母如果批评孩子“不能讨厌老师”，那么就会成为话题终结者。在这种情况下，父母要引导孩子说出讨厌某个老师的理由，从而了解是否因为某个老师不公平，或者上课的方式不被孩子喜欢，从而了解孩子的真实想法。实际上，孩子告诉父母自己讨厌某个老师，就是释放出想要倾诉的强烈信号，父母要弄明白孩子的真实意图，才能给孩子一个契机来进行倾诉。

其次，为了更深入了解孩子的真实想法，除了要倾听孩子外，父母还要观察孩子的动作和表情。前文说过，很多孩子都会试探父母，而不会把自己的想法对父母和盘托出，而表情和动作是不容易掩饰的，所以更能够表达孩子的真意。有些孩子在对父母撒谎的时候，会不停地摸鼻子或者紧张地舔嘴唇，这些都有助于父母了解孩子的真实想法；也有些孩子在有小心思的时候，会做出各种动作，父母也要敏感捕捉。只有从各个方面来观察孩子，才能了解孩子的真实心意，也才能与孩子进行有效沟通。

当然，每个孩子的脾气秉性不同，而且面对不同的事情，他们的表达方式也会不同。父母是孩子最亲近的人，也是最了解孩子的人，因此更要学会和孩子进行有效沟通。在青春期孩子对自己的小心思遮遮掩掩的时候，父母要能明白孩子的弦外之音。

交给孩子话语权

曾经有一家机构对中学生进行调查，发现很多孩子最讨厌父母说的话就是：闭嘴！住口！为何孩子们这么反感这两句话呢？是因为父母每天都对着他们唠叨不休，却不允许他们表达自己的想法，他们感到很不公平，在家庭生活中会觉得特别压抑。

孩子进入青春期后，父母们会发现一个令他们抓狂的事实，即孩子们变得越来越喜欢抬杠，也很喜欢狡辩。在父母的心中，小时候的乖宝宝似乎一夜之间就变成了“杠精”，也变成了“辩手”。原本，父母只需要对孩子下达命令即可，现在父母对孩子说一句话，孩子有可能回十句话，孩子们不再愿意执行父母的命令，而是会想方设法地违抗命令。在这种情况下，父母完全遗忘了孩子是因为长大了，有了自己的想法，才会愿意思辨，他们认为孩子们犯了错还狡辩，因而会更加生气。有的时候，听着孩子们胡搅蛮缠无理辩三分，觉得孩子们说的也有一定的道理，居然让父母无言反驳，这时父母们就会发挥“权威领导”作用，以“闭嘴”“住口”等结束话题。作为父母，很难想象到孩子正在有理有据地为自己辩论，却被突然按下暂停键，他们有多么委屈、多么压抑。作为父母，即使事后知道了真相，也因为自己的独断专行向孩子道歉，却也无法弥补对孩子造成的伤害。

很多父母除了不允许孩子争辩之外，也不允许孩子自由地表达。在很多家庭中，孩子都是没有话语权，父母把他们每天的日程安排得满满当当，他们只能根据父母规定的时间去做相应的事情，根本无须考虑自己应该做什么。在这样“独裁式”的家庭中，父母以为自己所做的一切都是为了孩子好，但是，他们不知道自己正在剥夺孩子的主动性，摧毁孩子的独立性，使孩子变成父母的傀儡，没有主见、没有思想，只能根据父母的安排去做各种事情。

父母必须明确一点：孩子也有话语权，尤其是在家庭生活中，父母一定要给孩子表达自己的机会，让孩子说出自己的心声。孩子只有在家庭生活中得到父母的尊重，才会更有信心，也才会更加积极主动地表达自己。

具体来说，父母给孩子话语权，要做到以下几点。

首先，父母要鼓励孩子多说话。孩子话多不仅仅是因为孩子是个话痨，其实在说话的过程中，孩子的思维正在快速运转，与此同时要组织语言，这对孩子智力的发展有着极大的促进作用。对于青春期的孩子来说，父母已经不需要再教他们如何说话，那么就要给他们机会去练习，从而做到熟练地表达自己的想法。

其次，父母切勿随意打断孩子说话。毋庸置疑，父母都很爱自己的孩子，但是，不同的父母对孩子的爱也是不同的，在父母的爱中成长起来的孩子更是不同。有些孩子独立自信有主见，他们的语言表达能力很强，可以有条有理地说很长时间。有的孩子恰恰相反，他们逻辑思维能力差，语言表达能力弱，说起话来总是断断续续，而且没有主见，总是人云亦云。这是因为不同的父母对孩子的教育方式不同。

明智的父母会耐心倾听孩子的表达，不会随意打断孩子的话。即使年幼的孩子在表达的时候断断续续，父母也会很耐心地听完。遇到孩子说得不好的地方，父母就记在心里，而不会打断孩子、纠正孩子。语言是思想的外衣，语言表达能力的强弱反映出孩子思维能力的强弱，所以不要觉得语言表达只是简单地说话而已，而是关系到孩子的思维发展、个性发展。

最后，父母要及时给予孩子回应，让孩子更乐于表达。在倾听孩子的过程中，父母一定要及时给予孩子回应，而不要让孩子在兴致勃勃说了很久之后，发现父母根本没有认真听自己讲话，那么孩子一定会感到沮丧。在孩子表达的时候，只要某种观点不是完全错误的，父母就没有必要在孩子表达之后纠正孩子。所谓“百家争鸣，百花齐放”，在思想自由的今天，每个人都可以说出自己与众不同的想法，孩子也是如此。

要想做到这一点，父母就要视孩子为有独立思想和主见的生命个体，在家庭生活中发自内心地尊重孩子，给予孩子平等的地位。只有真正民主和平等的家庭，才能培养出独立自主的孩子，才能帮助孩子形成积极乐观的性格。反之，在父母强权、独裁专制的家庭里，孩子只会唯唯诺诺顺从父母的意思，遇到不公平的事情甚至不敢表示反对，将来走上社会他们就会变成不折不扣的庸才，遇到困难就会感到委屈憋闷，最终将一事无成。

第五章
温言细语，打开孩子的心扉

父母都希望孩子的人生充满阳光，明媚美好，那么在和孩子说话的时候，就要保持理性，慎重地选择合适的词语与孩子沟通。很多父母就像一个负能量团，每次和孩子沟通的时候，都会给孩子很多的负能量，使孩子变得消极沮丧。反之，有些父母则像是正能量团，他们说每句话都能顾及孩子的情绪和感受，让孩子更加积极进取，乐观向上。

当然，要想用语言来滋润孩子的心田，就一定要深入了解孩子的所思所想，在遇到问题和分歧的时候，也要能够站在孩子的角度考虑问题。只有这样，父母才能把话说到孩子的心里去，也能让孩子在父母金玉良言的陪伴下健康快乐地成长。

态度温和地对待孩子

很多父母对待孩子的态度都不够温和，他们或者简单粗暴，或者对孩子颐指气使。曾有教育专家指出，对于青春期的孩子而言，不管是学习还是道德与行为，都会受到父母态度的深刻影响。

大多数父母都觉得一旦孩子犯了错误，或者做出了不规范的行为，父母就有权利对孩子粗暴管教，而且他们自以为对孩子的评价是站在客观公正的角度来进行的。在教育专家指出父母的态度会影响孩子的学习之前，很多父母对于自己的态度并不在意，也觉得自己不管对孩子采取怎样的态度都是理所当然的。对于父母的态度与孩子的学习密切相关这个问题，父母并不看重，他们觉得是智力水平决定了孩子学习成绩的好坏。实际上，智力水平、孩子学习成绩的好坏与父母的态度，三者之间存在错综复杂的关系。对此，很多父母并没有正确的认知，因而就需要持续地学习怎样与孩子相处。

父母的态度会影响孩子的智力发展水平。父母的态度与孩子的智力发展水平关系的密切，远远超过人们的想象。科学家经过研究发现，父母的态度对孩子的智力与能力发展有着深刻的影响。如果孩子本身的天赋比较差，各方面的能力发展滞后，只要父母坚持以平静友好的态度温和地对待孩子，也坚持积极地评价孩子，那么他们就会给孩子以积极的力量，从而影响孩子对客观世界中人和事的态度和看法。尤其是当父母总是对孩子怀有殷切的希望时，孩子就会为了实现父母的期望而更加努力。相反，如果父母对孩子总是怀着否定和质疑的态度，那么即使孩子天赋很高，也会出于逆反心理而破罐子破摔，从而影响自身各方面能力的发展和提升。

父母的态度不但会影响孩子的学习成绩，也会影响孩子的道德与行为发展。尤其是对于青春期的孩子而言，他们会发现生活有了很大的变化，他们面对的人际关系和小学阶段相比变得复杂。在这种情况下，父母的态度将会影响他们的行为，如果父母能够以积极的态度鼓励孩子开展正常的人际交往，那么孩子就会结交到更多的朋友。反之，如果父母总是怀着消极的态度限制孩子正常的人际交往，那么孩子就会感到压抑，遭受挫折，也会失去在人际交往中锻炼的机会。尤其是在孩子面对挫折的时候，父母更要怀着积极的态度对待孩子，这会给孩子带来信心和勇气，使孩子越挫越勇。而如果父母总是怀着消极的态度否定孩子，毫不客气地质疑孩子，甚至嘲笑和讽刺孩子，那么孩子就会失去信心，变得越来越消极悲观。

周末，晓君准备出门和同学一起玩。妈妈看到晓君准备了很多零食，还带着一些游戏的玩具，忍不住问晓君：“晓君，你要去哪里啊？”晓君说：“我和同学们约好了去体育公园里玩。”妈妈突然表示反对，说：“你不要总是跟那些狐朋狗友在一起玩，你看你这次考试的成绩有所下降，就是因为你总是和他们在一起玩。你看看跟你一起玩的孩子有几个学习成绩是好的，你就算要交朋友，也要和那些学霸级别的孩子交朋友，这样才有希望考上重点高中啊。你可真是个呆瓜，连朋友都不会选！”听了妈妈的话，晓君非常生气。她气鼓鼓地回到房间里说：“好了，以后我再也不出去玩了，我就在家里当一个‘宅女’。如果你想去和学霸当朋友，你就自己去和学霸当朋友好了，说不定你还能如愿以偿考上名牌大学呢！”

只要孩子不是跟那些品行不良的人交往，父母就不应该过多地干涉孩子。青春期的孩子已经有了初步的判断能力，他们知道自己应该和谁交往，也知道自己的喜好。如果父母总是对孩子横加干涉，甚至故意贬低孩子的朋友，就会伤害孩子的自尊心。在上述事例中，晓君和朋友约好一起出去玩，对晓君来说，这是学习之外一件很重要的事情，她很珍惜自己的朋友，却被妈妈说成是狐朋狗友，所以她感到生气，也会故意叛逆。

父母要尊重孩子，就要从尊重孩子的朋友开始做起，尤其是在和孩子说话的时候，更要态度温和。如果父母率先对孩子采取不良的态度，那么就会使孩子产生逆反心理，使孩子变本加厉地与父母对着干。当然，这是父母不想看到的。

有时，你与孩子只差一种说话方式

很多父母都抱怨自己与孩子之间存在代沟，也抱怨孩子不愿意和父母沟通。实际上，不管父母采取怎样的方式与孩子沟通，都要坚持一个原则，那就是要态度温和，选择最合适的沟通方式。即使是同一件事情，如果父母采取不同的表达方式，也会产生不同的沟通效果。虽然父母与孩子之间的关系是世界上最为亲近的血缘关系，但是也属于普通人际关系中的一种，也要符合人际交往的基本原则。

在人际交往的过程中，语言是最有效的沟通手段之一，也会给对方最大的影响力。在家庭生活中，父母每天都与孩子朝夕相处，他们潜移默化地影响着孩子，是孩子的第一任老师。正因如此，有人才会说，孩子是父母的镜子。父母的很多问题在孩子身上都会反射出来。每天父母与孩子都会进行沟通，针对生活中的问题进行讨论，那么父母说话的语气和态度、表达的习惯用语，都会对亲子沟通产生很大的影响。沟通是人际交往的桥梁，是心与心的通道，从某种角度来说，一旦亲子沟通失败，那么家庭教育也就失去了成功的基础。

在家庭教育中，最糟糕的情况莫过于孩子不理解和不接受父母的观点；而作为父母，也不能理解孩子的言行举止。这样就产生了矛盾，那就是父母以爱孩子为名义，为孩子制定了很多理想的目标，但是因为缺乏孩子的配合，甚至被孩子抵触，所以最终根本无法实现。现代社会中大多数父母都望子成龙，他们出于急功近利的心理，使用命令的语气与孩子沟通。每当孩子的表现与他们的心理预期相差甚远的时候，他们还会讽刺嘲笑孩子，使孩子的自尊心受到伤害。

父母要认识到一点，那就是父母的权威并不是随着孩子的出生就自然具备的。父母要想在孩子心目中树立起权威的形象，就要正确地行使并履行自己作为父母的权利和义务。这样孩子才会逐渐地信任父母，也愿意听从父母的劝说。换言之，父母不能靠着要威风来教育孩子，而是要靠着作为父母的言传身教成为孩子的榜样，得到孩子的认可。很多父母并没有耐心和孩子一样遵守各种家庭规则，也不愿意放下手中忙碌的工作多陪伴孩子。如果父母与孩子的关系疏远，也不了解孩子，孩子怎么可能把父母当成权威的家长来看待呢？有的时候，哪怕父母苦口婆心地对孩子说话，孩子也会因为父母太过唠叨而产生逆反心理，故意与父母对着干。要想成为合格的父母就需要付出很多，更别说要成为优秀的父母了。对于青春期的孩子而言，他们对很多事情都有了判断能力和理解能力，那么，父母更要在他们面前有合乎规矩的表现，给他们积极的力量，他们才会认可父母，也才会尊重父母。

记得在电影《大话西游》里，孙悟空说，世界上最遥远的距离不是生与死的距离，而是我就站在你的面前，你却不认识我。实际上，世界上最遥远的距离有很多，例如父母和孩子就生活在同一个屋檐下，每天朝夕相对，但是父母并不知道孩子心里在想什么，孩子也不愿依赖和信任父母，这是让人无奈的遥远距离。在亲子关系中，父母占据主导的地位，要想改善这种状况，父母就要积极地做出改变。父母首先要做的是改变自己说话的方式，与孩子进行良好的沟通。

每天早晨起床的时候，对晨晨来说都是最痛苦的时候，因为妈妈总是用冰凉的手捏着她的鼻子，让她无法呼吸，还会用尖锐的声音说："起床，你一个小姑娘，天天睡得像死猪一样，每天都让我喊你，你到底能不能自己主动起床？真是让人不省心啊！"听到妈妈这样的话，晨晨在迷茫之中，总觉得自己真的变成了死猪，一整天的心情都很糟糕。

如果妈妈能够改变一下说话的方式，在早晨喊晨晨起床的时候，播放轻柔的古典音乐，并用温润的嘴唇在晨晨的脸上亲一口，对晨晨说："乖宝贝儿，已经6点半了，你要是再不起床，上学可就要迟到了！妈妈马上要准备早餐，没有时间再来叫你，你可一定要赶快起床呀！"妈妈这么说，会让晨晨在温柔音乐的抚慰下，在对美味早餐的憧憬下乖乖地起床。这么做的好处是，晨晨一整天都会很开心，对于上学也充满了期待。

一样的事情，不同的说法，就会产生不同的效果。智慧的父母不会总是把语言当成刀子往孩子的心窝子上戳，而是会换一种温柔和气的说话方式，给孩子积极的点拨。对于青春期孩子来说，他们的心思是非常敏感和细腻的，如果父母总是毫无顾忌地伤害孩子的心灵，那么孩子就会非常痛苦。在父母的爱与尊重中成长的孩子往往更加自信、更加阳光，而在父母的挖苦、讽刺和冷嘲热讽之中成长的孩子，往往非常自卑，心里充满了阴霾。

要想和青春期孩子建立沟通的桥梁，父母就要对孩子说一些温柔的话，这样才能达到润物细无声的效果，滋润孩子的心田。也许一时之间很难转变，因为有些父母已经习惯了对孩子恶言恶语，但是有了态度要温和的意识之后，努力地去改变，长期地坚持总会换取进步。随着父母表达方式的改变，父母会惊奇地发现，与孩子之间的亲子关系也得以修复。

赏识教育必不可少

如果以三种形式概括亲子关系，那么不外乎以下三种。第一种是家长处于高高在上的地位，总是给孩子下达命令，指挥孩子做各种各样的事情，或者家长给孩子进行示范，让孩子模仿家长的言行举止。这样一来，家长就始终处于主动地位，孩子则始终处于被动地位。第二种正好颠倒过来，即孩子处于高高在上的主导地位，家长则处于顺从的地位。例如，在很多家庭里，父母都把孩子奉为“小公主”“小皇帝”，他们在家里不管有什么愿望都能得到满足，只要有需求说出来，家长马上就会想方设法地去满足他们。总体来说，就是孩子始终处于主动的地位，负责表达自己的欲望和需求，而家长处于被动地位，负责倾听孩子的需求，观察孩子状态，并且马上采取行动，满足孩子的各种需求。第三种是家长和孩子处于互动的状态，也就是他们不分主次，两者都处于积极主动表达的状态之中，即可以互相倾诉自己内心的情感和需要，也可以用行动表达对彼此的爱。在遇到问题的时候，他们能够以民主原则来协商，共同讨论如何解决问题。在这样的关系中，不管是家长还是孩子，没有谁处于绝对主动的地位，也没有谁处于绝对被动的地位。在频繁地互动与良好地配合中，孩子各方面的能力都得到提升，孩子的成长状态越来越好。

明智的父母一眼就能看出来，第三种形式的亲子关系是最理想的，也能获得最好的效果。但是，现实却令人感到遗憾，心理学家通过观察大多数家庭里的相处模式，发现很多家长和孩子的亲子关系都属于第一种或者第二种形式，这两种形式属于两个极端。其中，尤其以第一种形式在家庭教育中最为常见，那就是在家庭生活中，家长始终高高在上，他们以自己年纪、经验丰富而且养育了孩子为资本，每时每刻都要体现出自己作为一家之主的风范。不管说什么话，都打着爱的旗号，说自己是为了孩子好。他们与孩子之间的沟通是单向的，总是给孩子下达命令，而孩子并没有话语权，无法表达出真实的想法。这样一来，家长与孩子之间就不可能形成彼此信任、相互尊重的亲子关系，也就无法进行深入的沟通和交流。

对于青春期的孩子来说，他们的自我意识越来越强，更迫不及待地想要脱离父母对他们的约束和管控，所以他们更想要拥有独立的主权和话语权，在很多方面都能够自己做主。正是在这样的心理驱使下，使得青春期的孩子与父母之间产生了很多矛盾，并且常常处于剑拔弩张的状态。心理学家研究证实，在家庭生活中，如果孩子能够得到父母的夸奖，那么，他们就会有很大的自信，也会热爱身边的每一个人，甚至热爱整个世界；反之，如果孩子总是被父母批评和否定，那么他们就会感到自卑，对周围的世界怀着畏惧的心理。所以，父母要想与青春期的孩子进行良好的沟通，最好不要急于对孩子进行批评和否定，适度对孩子表达赞美和赏识，这样才能够渐渐打开孩子的心扉，让孩子更愿意与父母之间保持顺畅的沟通。

趁着周末，乐乐收拾了原本乱糟糟的书房。妈妈加班回到家里后看着干净整齐的书房，虽然对书房中很多东西的布局并不是很满意，但是她知道这可是乐乐辛苦了整整一个上午的劳动成果，所以她当即惊喜地喊道："天哪！这一定是田螺姑娘来到我们家里了吧！书房怎么这么干净明亮呢？"

乐乐笑眯眯地说："我就是田螺姑娘！"

妈妈说："书房里的书原本堆放得乱七八糟，很多书都不在书架上，而是堆在地上，你居然把它们分门别类地放好了？”乐乐点点头，说：“是啊，我对它们进行分类可花了一些心思呢！我还制作了标签，这样在找这些书的时候，就会很容易！”

妈妈说：“你可真是太厉害了！我觉得你长大以后可以去做图书馆的管理员。当然，这样整理的本领，在很多工作上都非常实用，你一定花了很长时间吧？”

乐乐自豪地说：“我早上 8 点钟起床吃过早饭，从 8 点半开始一直忙碌到 12 点半。你回来之前，我刚刚坐在沙发上喝了一杯饮料，感觉在劳动之后惬意地靠在沙发上喝一杯沁人心脾的冰镇饮料，简直太舒服了！”

妈妈认真观察着书架，说：“你还把书架都擦了吗？这些书架原本落满了灰尘，现在看起来熠熠闪光，就像刚刚买回来的新书架子一样！”乐乐点点头说：“当然，我既然要干，就要把事情干到最好，不能让妈妈挑出毛病来。”

妈妈笑着说：“你可真是太棒了，真是给了我一个大大的惊喜。谢谢你，亲爱的宝贝儿！”乐乐笑着说：“不客气，这是我应该做的！”

很多父母在孩子做家务的时候都会指手画脚，当孩子辛辛苦苦把家务做好的时候，父母却会表示不满意，不是觉得这个地方做得不好，就是觉得那个地方做得不足。事例中，乐乐妈就是一个充满智慧的妈妈，她知道要想保持乐乐做家务的热情，就要多鼓励和赞扬乐乐，而不能否定和批评乐乐。乐乐花了整整 4 个小时的时间来收拾书房，这对于孩子本身就是一个挑战，也是很大的进步。且不论书房收拾得到底怎么样，和书房原本的状态比起来，已经清爽多了。相信在得到妈妈这次由衷的表扬之后，乐乐说不定会承包书房以后的收拾工作呢！

在赞美孩子的时候，父母要注意以下几个事项，这样才能够让赞美和赏识起到最好的效果。

首先，赞美孩子的时候一定要具体。上述事例中的妈妈在赞美乐乐的时候，就以书房的很多原本的情况和现在的情况进行对比，这就意味着妈妈真的看到了乐乐收拾之后的书房变得干净清爽。所以，妈妈的赞美是非常真诚的，能够让乐乐感受到妈妈的真心。

其次，在赞美孩子的时候一定要及时。对于孩子刚刚拼尽全力做好的事情，他们正等着父母发现他们的付出，给予他们认可和肯定，如果父母在当时不能赞美孩子，而是在过去很长时间之后才淡然地提起这件事情，就不能达到赞美的效果了。

再次，在赞美孩子的时候情绪一定要饱满。很多父母赞美孩子都是敷衍了事，说一些空洞的话，语气非常平淡，其实这是对孩子不尊重的表现。在赞美孩子时，父母的语气要充满赞赏，要充满欣喜，要认可孩子的努力，要从内心真正尊重与理解孩子的付出，这样孩子才会感受到自己的一切付出都是值得的，也很乐意继续付出。

最后，要投其所好地赞美孩子。进入青春期之后，孩子的心理需求有了很大的改变。如果说在小学阶段，他们只要得到父母的点赞，或者听到父母说他们很棒，就能感到满足，那么，对青春期孩子而言，他们对于赞美的要求显然更高。如果孩子平日里比较自卑，那么父母在赞美孩子时，要侧重于激发孩子的自信；如果孩子平日里就是个“马大哈”，那么父母在赞美孩子时要侧重于表扬孩子粗中有细，做事井井有条；如果孩子平日里比较胆小，缺乏勇气，那么父母在赞美孩子时，就要侧重于激发孩子的勇气，要认可孩子的勇敢，这样孩子才会表现得更好。

总而言之，赞美是一门学问，并不是随随便便说几句话，就算是赞美孩子。所以父母一定要用心、真心地赞美孩子，而不要敷衍了事地赞美孩子。只有恰到好处的赞美，才能够起到最佳的激励效果；也只有恰到好处的赞美，才能给予孩子更强大的力量，从而对孩子产生更积极的影响。

少批评、多赞美，少否定、多认可

众所周知，如果身体内缺乏维生素 C，孩子就有可能会患上败血病；如果身体内缺乏维生素 D，孩子就有可能会患上佝偻病。这是因为孩子的身体在成长阶段需要各种各样的营养素，所以父母最重要的任务之一，就是为孩子提供均衡的营养，为孩子调配美味的食物。很多父母都能够做到为孩子提供均衡的营养，保证孩子的身体健康成长。但是，在孩子的精神方面，父母却忽略了为他们提供必要的“营养素”。那么，孩子的精神成长需要哪些“营养素”呢？

对于孩子而言，表扬和夸奖就是他们成长所需的各种维生素。如果缺乏表扬和夸奖，孩子就会缺乏自信心，因此要想当好父母，就要掌握表扬的艺术。除了要适时适度地表扬孩子之外，还要特别强调孩子做出的某种具体行为，这样就能够强化孩子的记忆，养成良好行为习惯，让孩子的表现更加优秀和突出。

德国著名教育家卡尔·威特在教育孩子方面颇有心得。他的儿子小威特在学业上取得了让人震惊的成就：在 8 岁之前就已经通晓多国语言，在 9 岁的时候就已经，开始大学阶段的学习，在 16 岁的时候就从海德堡大学法学系博士毕业。这是一个让人震惊的成长速度，那么，老威特是如何培养出如此优秀的孩子的呢？

现在，有很多父母都很重视培养孩子的阅读习惯，鼓励孩子多阅读，但是很少有人做到像老威特那样郑重其事。小威特从小就很喜欢看书，是因为父母非常重视培养他的阅读习惯。每当小威特读完一本翻译文学的时候，老威特就会和小威特一起高声呼喊作者的名字。这个时候，妈妈也会做很多小威特喜欢吃的饭菜，甚至会邀请三五好友来开一个庆祝晚会。当着所有人的面，老威特会说起小威特刚刚读完的这个译本多么有难度，也会当众夸赞小威特。老威特的做法使小威特觉得自己阅读每一本书都是在完成一个艰巨的任务，每一次他都能获得很大的成就感，所以他越来越热衷于看书，越来越喜欢征服每一本书。

和老威特的郑重其事相比，大多数父母表扬孩子的方式都太过于轻描淡写了，让孩子觉得父母只是在敷衍他们。例如，孩子好不容易完成了一个艰巨的学习任务，父母却是眼睛盯着电视，头也不回地对孩子说："真棒，真棒，你是最优秀的！"对于年幼的孩子来说，这样的表扬也许还能够让他们感到兴奋，但是对于已经初步具备判断能力的初中学生、高中学生而言，这样的表扬甚至会让他们觉得受到了侮辱。因为这样的表扬与他们付出的努力并不匹配，他们觉得父母是因为敷衍他们才做出这样的表扬，会认为父母并不认可他们在攻克艰巨任务的过程中付出的努力。所以，如果父母不能很好地表扬孩子，非但不能达到激励孩子的效果，反而会事与愿违，得到反效果。

在教育孩子的过程中，父母还要尽量少批评孩子、少否定孩子。在赞美孩子的同时，也要认可孩子的付出，这样才能够让孩子觉得自己的努力父母已经看在眼里了，他们也就愿意继续努力做到更好。尤其是在学习方面，很多父母都把目光放在孩子的学习成绩上，似乎那一连串的数字就能够证明孩子努力的程度。然而，现实中每个孩子在学习方面的天赋是不同的，有些孩子轻轻松松就能够取得很好的成绩，而有些孩子虽然非常努力，也未必能够考取好成绩。所以父母更应该注重孩子学习的过程，看到孩子在学习过程中的辛苦付出，而不要一味地强调成绩，更不要因此而否定孩子的努力。

即使孩子表现得非常糟糕，也不要急于批评孩子，因为对于孩子来说，他知道自己的失败，也会意识到自己的表现不够优秀。他们已经非常难过，而且正在积极主动地反省自己，父母还劈头盖脸地数落他们，批评他们，他们就会觉得心情沮丧。与此同时，父母也不要欺骗孩子，孩子明明已经遭遇了失败，父母却依然表扬孩子做得很好，这只会让孩子认为自己真的特别糟糕，没有任何值得父母表扬的地方。不合时宜地表扬孩子只会让表扬的作用降低，甚至起到反作用，所以父母应该给予孩子合理中肯的建议，告诉孩子哪些地方需要改进及如何改进，这样才有助于孩子在今后有更好的表现。

虽然青春期的孩子已经进入比较懂事独立和自主的阶段，但是他们依然渴望得到父母的认可和表扬，这是因为他们还没有形成自我评价的能力，他们很在乎父母的看法，因此他们希望父母能给予他们中肯的评价。除了表扬之外，也可以激励孩子，让孩子得到成长的正能量。

很多父母都有一个坏习惯，即动辄就会否定孩子，甚至打击孩子。实际上，这对孩子的成长是极其不利的。如果孩子一直在充满爱的环境中成长，那么他们就会成长为一个内心充满爱的人；如果孩子始终都能得到父母的尊重，那么他们就能学会尊重他人。反之，如果孩子总是在父母的嘲讽中成长，那么他们就会变得非常冷漠；如果孩子不能得到父母的尊重而总被父母挖苦和讽刺，渐渐地，他们也会变得尖酸刻薄。

在家庭生活中，家庭教育基本上是依靠语言来完成的。对于青春期孩子来说，他们和父母之间的沟通已经不再像青春期之前那么密切和频繁了，所以对于父母而言，要珍惜和孩子沟通的机会，力求把每句话都说得恰到好处，这样才能给孩子好的影响。要想达到表扬、赞美和肯定的效果，父母在说话的时候需要注意以下三点。

首先，要减少使用挑剔的词语。很多父母已经养成了习惯，只要去观察孩子，看到孩子做一件事情，或者听到孩子说一些话，他们就会怀着挑剔的态度，用从鸡蛋里挑骨头的刻薄态度来对待孩子。殊不知，这并不能激励孩子持续努力，让孩子变得越来越优秀，反而会让孩子对父母反感，甚至破罐子破摔，不愿意再努力去做好一些事情。

其次，要减少使用否定词。父母要少对孩子说一些与“不”相关的话，例如不行、不许、不可能、不可以、不聪明、不积极、不努力，等等。在这一连串的“不”中，孩子的自信心会降到最低。曾经有心理学家经过研究发现，年幼的孩子听不懂父母带有“不”的那些禁止的话。例如，父母让孩子不要疯跑，孩子就只能听到疯跑这两个字。对于青春期的孩子而言，何尝不是如此呢？他们虽然能够听到父母说的“不要”两个字，但是他们只想按照后面的指示去做。父母在与孩子说话的时候，要采取正确的方式，例如告诉孩子慢慢走，告诉孩子要努力学习，专心听讲，而不是告诉孩子不要跑，上课的时候不要走神，这样只会起到反作用。

最后，要避免使用限制词。很多父母在和孩子说话的时候都带有强烈的情感色彩，例如他们会要求孩子“你必须怎么样，你应该怎么样，你只能怎么样”。这些“必须、应该、只能”的限制词会让孩子感受非常糟糕。在对孩子表达的过程中，父母往往只是从自己的主观角度出发，用强硬的态度限制孩子必须怎么做。这就像是拿起了锋利的剪刀给稚嫩的小树苗修剪枝叶，即会让孩子感到疼痛，也会影响孩子思维的自由发展。所以，父母要改掉这样的语言习惯，以建议的态度来和孩子沟通。对孩子说，我觉得你这样做会比那样做更好，从而让孩子在两个选项之中做出更好的选择，这对于培养孩子的思维能力，发展孩子的独立自主的能力，都是非常有帮助的。

总而言之，语言沟通是一门艺术。在家庭教育中，父母与孩子之间的沟通更是一门艺术。父母既不要总是对孩子颐指气使，也不要总是对孩子提出各种苛求，发出各种命令，只有发自内心地尊重和平等对待孩子，父母才能打开孩子的心扉，获得孩子同样的对待，得到孩子的信任。良好的亲子沟通是家庭教育实施的基础，而良好的亲子沟通要以父母正确的表达方式作为基础。

父母也需要向孩子道歉

父母为何要向孩子道歉？在看到这个标题的时候，相信很多父母马上就会心生抵触，甚至会情不自禁地喊起来："作为父母，怎么能向孩子道歉呢？一旦对孩子低头认错，以后可就没法教育孩子了！"不得不说，这是教育的误区。谁说父母在向孩子道歉后就不能当父母呢？每个人都不是圣贤，都会犯各种各样的错误，也没有谁会在任何方面都绝对正确。作为父母，虽然比孩子年长，也比孩子有更丰富的人生经验，但是这并不意味着父母在任何方面都可以成为孩子的导师，也并不意味着父母在孩子的面前不会做错任何事情。

真正民主的父母在发现自己误解了孩子或者做错了事情的时候，会很真诚地向孩子道歉。这是因为他们知道，向孩子道歉并不意味着失去了父母的权威；相反，当孩子看到父母勇于承认错误的时候，还会更加敬佩和信赖父母呢！与此同时，父母积极地进行自我反省，勇敢地承担责任的行为，也会给孩子以深刻的影响，帮助孩子学会自我反思。

进入青春期之后，孩子的是非观念越来越明确，和小时候不管什么事情都听从父母的安排不同，青春期的孩子更愿意自作主张地去做一些事情。尤其是对公平、平等的追求，即使是在家庭生活中，他们也并不能无限度地包容父母。当父母冤枉了他们，或者是他们受到委屈的时候，他们就会像和同学相处那样，以平等的态度要求父母道歉。每当这时，如果父母能够积极地道歉，承认自己的错误，也愿意承担相应的责任，那么孩子就会感受到自己是被尊重的。反之，如果父母拒绝道歉，死鸭子嘴硬，明知道自己犯了错误也不愿意承认，那么孩子就会对父母感到失望。

父母也是人，不是无所不能的神，很多人到中年的父母，上有老下有小，还承受着巨大的职场压力，难免会有情绪波动的时候。父母对于自己的情绪波动并没有明显的感知，但是孩子能够敏锐感觉到父母情绪的波动，因此会突然觉得父母很陌生。当孩子把自己的感受告诉父母的时候，父母应该积极地反思自己，主动改正自己做得不好的地方。其实，很多父母之所以不愿意向孩子道歉，是因为他们迈不过心里的那道坎，他们认为父母应该是高高在上的，一旦向孩子道歉就会损坏父母在孩子心目中的形象，其实这是完全没有必要的顾虑。真诚向孩子道歉的父母，非但不会损坏在孩子心目中的形象，还会得到孩子的尊重和信赖。

试想一下，在家庭生活中，作为父母，不管做错了什么，都不愿意向孩子承认，那么他们又会给孩子造成怎样的影响呢？孩子们只会学习父母“死鸭子嘴硬”的态度，只会认为父母最大的错误就是从来不承认自己的错误。这样一来，父母在他们心目中高大的形象就会瞬间倒塌，父母也就无法得到孩子的认可和尊重。在向孩子道歉的过程中，父母要深刻反思自己的错误，这样才能够起到言传身教的作用。当然，有些事情并没有明确的对错界限，在处理这样的事情时，父母可以引导孩子分辨是非，提升孩子的辨别能力，从而让孩子在面对错误时有更好的表现。

具体而言，父母在向孩子道歉的时候要注意以下几点。

第一，道歉一定要及时。很多父母因为碍于面子，并不能在第一时间就向孩子道歉，哪怕他们已经认识到了自己的错误，还想继续强词夺理一番，尽量避免道歉。然而，青春期的孩子有很强的思考能力，也有判断是非的能力，父母的强词夺理并不能让他们心服口服。如果等到事情发生很久之后，父母再来跟孩子道歉，就无法达到良好的效果。一则是因为事情过去很久了，印象变了；二则是因为孩子觉得父母认识到自己的错误太晚，已经没有道歉的必要了。这样一来，孩子心中就有了一个疙瘩。当然，如果父母当时并没有认识到自己的错误，而是在过去很长时间之后才意识到自己做错了，那么就可以在意识到错误的第一时间向孩子道歉，这也属于及时道歉的范畴。

第二，父母在向孩子道歉的时候，一定要说清楚自己的错误。很多父母不好意思当着孩子的面道歉，所以在说起自己的错误时含糊其词，想要一语带过。实际上，这对于教育孩子是很不利的。道歉的时候，父母应该向孩子分析自己为什么会犯错误，以及把进行反省的心理过程呈现给孩子。在此过程中，孩子受到父母的影响，也会在自己犯错的时候学习父母的样子进行自我反省，学习父母的样子勇敢地承认错误，积极地承担责任。

第三，父母向孩子道歉一定要真诚。很多父母向孩子道歉时敷衍了事，在孩子的强烈要求下，他们才心不甘情不愿、含糊其词地和孩子说三个字——对不起。殊不知，这样的态度会给孩子造成恶劣的影响，使孩子在犯错误的时候也不愿意真诚地道歉。显而易见，孩子在对待自己的错误时的态度不但会影响他们与父母之间的相处方式，也会影响同学、朋友之间的交往。所以，明智的父母不会敷衍了事地向孩子道歉，而是会非常真诚地向孩子道歉。既然已经决定道歉了，那么道歉就要达到预期的效果，父母也要让自己的行为对孩子起到教育的作用。一个敢于道歉、敢于承认错误的父母是具有很高人格修养的，他们也应该得到孩子的信任。在一个民主、平等的家庭中，如果父母总是积极地向孩子道歉，家庭的氛围会更加和谐融洽，亲子关系会更加友好，亲子之间的感情也会更加深厚。

只有以此为基础，父母才能为孩子营造良好的成长环境，保障孩子的健康成长。

“人非圣贤，孰能无过”，不管是父母还是老师，都不是神坛上的神仙，而是普普通通的人。在家庭教育的过程中，父母和孩子朝夕相处一定会犯一些错误，那么不要忽略这些错误，而是要积极地反省，在必要的时候真诚地和孩子说一声对不起，这对于父母在孩子心目中树立高大的形象是非常必要的，也有助于父母在孩子心目中树立权威。此外，这些也是家庭教育顺利开展的基础和前提条件。

亲子教育，批评必不可少

近些年来，随着赏识教育的推行，很多父母不分孩子表现的好坏都一味地表扬孩子，总觉得只要多表扬孩子，就能让孩子变得更加优秀。实际上，这种想法是家庭教育的误区。孩子的成长过程中，如果只有表扬和赞美，没有批评教育，这对孩子而言简直就是一场灭顶之灾。这是因为孩子在成长的过程中很容易犯各种各样的错误，这些错误有的是他们无心犯下的，有的是他们因为粗心犯下的，还有的是他们故意为之。如果父母为了表扬孩子就忽视这些错误，甚至在孩子犯错误的情况下也依然表扬孩子，就会使孩子失去判断对错的标准，失去行为的边界。这会让孩子在成长过程中思维非常混乱，不知道自己哪些事情可以做，哪些事情不可以做，无法培养孩子自我反省的能力。

对于孩子的一生而言，整个青春期是一个至关重要的成长阶段。在这个阶段里，孩子会形成自己的人生观、价值观，如果没有批评教育，孩子就不知道自己的哪些行为需要受到惩罚，就不会反省自己所犯的错误，更不会主动承担起相对应的责任。在这样没有规矩的状态下，孩子的成长就会漫无边界，孩子的行为也会越来越过分。

对孩子而言，沟通的艺术就是爱的艺术。很多父母对孩子爱的表达都要通过语言沟通来实现。表扬孩子是爱的表现，批评孩子同样也是爱的表现。从某种意义上说，批评比表扬更能够表达出父母对孩子的爱，因为这其中还寄予了父母对孩子殷切的希望。之所以批评孩子，最终目的是希望孩子在以后的人生中能够勇敢地面对挑战，在被批评的时候也依然保持积极向上的心态，在面对挫折的时候也不会被压垮。如今有很多孩子都缺乏对挫折的承受能力，就是因为他们一直在顺境中成长，听到的都是父母的甜言蜜语，甚至连一点儿批评都不曾听到过，这样的孩子长大后有何抗击风雨的能力呢?

2019 年 4 月的一个夜晚，在上海的卢浦大桥上，一个 17 岁的高中少年从母亲驾驶的汽车中突然窜出，在滚滚车流中穿身而过，毫不犹豫地跳下桥，失去了年轻的生命。我们现在已经无从得知，他在决定跳桥之前和母亲之间发生了怎样的冲突，但是有一点是毋庸置疑的，那就是母亲的话语超出了他的承受能力，使他选择了轻生。如果孩子在平常的成长中犯了错误之后就会受到父母相应程度的惩罚，那么他们也不至于因为一些随时可能发生的批评而崩溃。在这里所谓的批评和惩罚并不是打骂孩子。打骂孩子是非常简单粗暴的教育方式，并不能获得良好的教育效果，还有可能激发孩子逆反心理，或者使孩子形成各种恶习，例如说谎、仇视父母、性格孤僻、待人冷漠、具有攻击倾向等。这些坏习惯对孩子的成长是非常不利的。父母要掌握正确的批评方式，要牢记批评的目的在于让孩子积极地改正错误，而不是用语言暴力打击孩子的自信、摧毁孩子的内心。只有这样才能做到正确地批评孩子，也让批评在孩子的成长过程中起到不可替代的作用。

不管是批评还是赞美，父母都要掌握一个原则，那就是家庭教育一定是双向的，而不能由任何一方作为主导进行单向教育。这完全符合我们前文所说的三种亲子相处模式，尤其是与三种相处模式中的前两种相处模式相契合。不管是以父母为主导，还是以孩子为主导，都是单向的相处模式，而只有第三种父母和孩子之间互动的模式，才能形成双向的教育。父母一定要了解孩子的内心，善于倾听孩子真实的想法，这样在和孩子沟通的时候才能选取合适有效的方式，让孩子获得更多的安全感，让孩子的身心都健康成长。

批评孩子的时候，父母一定要掌握一个原则，那就是要先了解孩子，倾听孩子。很多父母对孩子都有先入为主的偏见，一旦发现孩子犯错了，就不分青红皂白地打骂孩子，这样做不但会让孩子感到非常委屈，也会让孩子对父母关闭心扉。孩子的任何行为，背后都是有原因的，父母不但要了解孩子行为举措背后真正的原因，还要知道孩子真实的想法，这样才能及时地将孩子的想法纠正回来，也才能够帮助孩子从各种事情中吸取教训，从而更好地成长。

父母在批评孩子的时候，要坚持以下几个原则。

第一，批评孩子的时候，不要把孩子与其他孩子进行横向比较。很多父母一旦发现孩子的表现不能让他们满意，就会把孩子与其他孩子进行横向比较，张口闭口就是别人家的孩子怎么好，这样说只会使自己的孩子产生挫败感。作为父母要知道，每个孩子都是独立的个体，他们唯一需要比较的就是今日的自己与昨日的自己。当发现孩子通过努力有了小小的进步之后，父母要表扬孩子，而不要总是对孩子提出超出他们能力范围的要求，这只会让孩子感到沮丧。

第二，批评孩子不要当着他人的面。青春期孩子的自尊心是非常强的，父母不管多么生气，也不要当着外人的面严厉地批评孩子，否则会伤害孩子的自尊心。批评是一门教育的艺术，批评的目的不是当着孩子的面使出家长的威风，而是要让家长的每句话都如同春风化雨般滋润孩子的心田。在批评孩子的时候，除了不要当着他人的面批评孩子之外，还要与孩子友好地商量有分歧的地方，让孩子感受到他们最终的选择并不是父母强迫他们做出的，而是他们主动为之。

第三，批评孩子的时候要以正面引导为主。很多父母在批评孩子的时候，都会对孩子说一些负面的话，甚至给孩子贴上负面的标签，这是万万要不得的。所谓负面标签，就是给孩子盖棺定论，当孩子认为他们就是父母所说的那个样子，那么他们就不会再努力做出好的表现，让自已达到父母的期望。经常有人说，孩子最终会成为父母所期望的样子，那么作为明智的父母，就要在批评孩子的时候以正面引导为主，告诉孩子如何做才是正确的，这远比给孩子贴上负面标签更重要。尤其需要注意的是，父母切勿侮辱孩子，更不要对孩子冷嘲热讽。青春期孩子的内心非常敏感，他们虽然想要独立，实际上内心深处还是很看重父母的想法，如果父母急于给他们，贴上负面标签，对他们完全否定，那么对他们内心的打击会非常大。

第四，批评一定要及时进行。在孩子犯错误的时候，父母就要选择合适的时机批评孩子，为孩子指出错误，告诉孩子如何改正错误。如果距离孩子犯错已经过去了很长的时间，父母再来为孩子指出错误，那么孩子一定会感到莫名其妙，不知道父母到底在说什么。这样一来，批评就无法取得适当的效果。此外，也不要总是以威胁的话吓唬孩子。例如，很多妈妈在孩子犯错误的时候，就会对孩子说“等我告诉你爸爸，让他扒了你的皮”，也许刚开始听这句话的时候，孩子的确会感到害怕，但是当他们发现妈妈每次说完这句话之后就没了下文，那么这句话对他们就失去了震慑力。妈妈要想说出这句话恐吓孩子，就要当即把爸爸叫回家里，让爸爸对孩子进行批评教育，这样孩子才会相信妈妈说的话是真的。

第五，在彼此都非常冲动的情况下，无法控制当时的事态，还可以采取冷处理的方式来帮助双方平息心情，等双方都相对冷静的时候，再来讨论具体的错误，讨论如何来改正错误。有些孩子本身性格非常容易冲动，脾气也很暴躁，而且他们非常倔强，不愿意轻易地承认错误。在这种情况下，父母就可以采取冷处理的方式，让他们在冷静之后主动反思错误。当然，不仅孩子需要冷处理，有些父母也需要冷处理。父母在气头上会歇斯底里地对孩子说一些不理智的话，甚至会有过激的行为。对孩子而言，这些冲动就像是家庭教育里的狂风骤雨，摧残着他们稚嫩的心灵。所以，父母如果觉得无法控制自己的言行，就先不要急于批评孩子，而是在心平气和之后，选择合适的时间、地点和双方都接受的教育方式继续与孩子沟通，这样才能够起到良好的教育作用。

第六，也是最重要的，当孩子犯错误的时候，家庭成员一定要统一战线，态度一致。在很多家庭中，不只有爸爸妈妈，还会有爷爷奶奶或者姥姥姥爷。在这样复杂的家庭关系中，如果教育孩子的时候，每个家庭成员都各持己见，甚至家庭成员之间还会因为教育孩子而产生矛盾冲突，那么就会让孩子钻空子，从而不害怕自己犯错误之后会被批评。在避开孩子的时候，家庭成员之间可以开个会议，达成一致观点：不管是谁批评孩子，也不管批评的方法是对还是错，其他的家庭成员都不可以当着孩子的面横加阻拦。家长教育理念不统一只会加剧孩子的投机心理，也会让孩子感到非常迷茫，不知道自己应该听谁的话。显而易见，这对于纠正孩子错误行为是绝无好处的。家庭是一个整体，在教育孩子的时候，所有家庭成员都要保持一致的态度，只有这样才能让教育得以顺利地实施。

总而言之，在家庭教育中，批评是必不可少的，如果只有赞美和肯定而没有批评，孩子就会忘乎所以。只有把赞美、肯定与批评结合起来，在适合的时候给予孩子适当的对待，才能更好地教育孩子，帮助孩子成人成才。

人前不教子，孩子也很爱面子

古人云："人前教子，人后教妻"，意思是，教育孩子要当着他人的面，教育妻子要避开他人的面。这句话放在现代社会并不完全正确。古人之所以说"人前教子"，目的是希望孩子在大庭广众之下接受教训，而产生羞耻之心，激励孩子积极改正错误，并且下定决心下次不再犯同样的错误。而实际上，用现代的教育观念来看，孩子有很强的自尊心，尤其是青春期的孩子，他们敏感细腻，自尊心特别强，如果父母当着他人的面教育孩子，施展父母的权威，就极有可能摧毁孩子的自尊心，使孩子破罐子破摔，或者激发起孩子的逆反心理，让孩子故意与父母对着干。显然，这不是父母想要的教育效果。

老祖宗留下的很多话有的是精华，但也有糟粕，例如这句"人前教子"放在现代社会是完全不合时宜的。但是，很多父母却把这句话奉为经典，他们觉得"人前教子"是卓有成效的教育方式，既可以表现出自己作为家长的权威，又能让孩子深刻地记住教训。所以，他们在学校开家长会的时候，会故意当着其他家长和老师的面教训孩子，这样一来，就能表明自己的态度和老师是一致的，是和老师站在同一战线上的。实际上，父母理解错了一件事情，那就是父母与孩子并不是敌我的关系，并不需要画出战壕，划分界限。哪怕父母和老师虽然要统一战线，但与孩子也不是敌对的关系。父母固然要给老师留下良好的印象，告诉老师，自己是愿意与老师配合的，却也不要以牺牲孩子的自信、摧毁孩子的自尊心为代价。

当青春期的孩子被父母当着外人的面教训的时候，他们非但不会深刻反省自己的错误，也不会积极地改正错误，还有可能因此而厌恶和憎恨父母，甚至故意与父母对着干。所以，明智的父母从来不会当着外人的面教训孩子，即使孩子在某些公开的场合做得不够好，他们也会委婉地提醒孩子，等到回家之后再关起门来和孩子分析某种行为为何不好，为何需要改进。对于孩子来说，这才是他们更愿意接受的教育方式。

周末的时候，妈妈带着琪琪去参加一个亲戚的婚礼。在婚礼上，亲戚们欢聚一堂，也有一些和琪琪年纪相仿的女孩儿男孩儿。妈妈非常欣赏其中一个亲戚家的孩子，她当着全桌人的面对琪琪说："琪琪，你可要和这个姐姐好好学习啊，这个姐姐每次考试都能考到班级第一、年级前三，你看看你呢，每次都是班级倒数第一、年级倒数第三。你可要给妈妈长脸，向姐姐取取经，如果你的学习成绩也能像姐姐这样，妈妈真是要乐死了！"

妈妈把这一番话说得酣畅淋漓，却丝毫没有注意到琪琪满脸通红，甚至想把头都低到桌子底下去了。对于妈妈的话，琪琪一声不吭，后来，婚宴还没有结束，琪琪就说自己肚子疼，提前离开了婚宴。妈妈回到家里纳闷地问："你这孩子怎么吃个喜酒还把肚子吃疼了呢？"琪琪的眼里含着泪水，愤怒地对着妈妈喊道："以后，我再也不和你一起去吃喜酒了，你根本就不知道尊重人！"妈妈丈二和尚摸不着头脑："你这个孩子，我怎么得罪你了？你冲我发这么大的火！"琪琪对妈妈吼道："为什么要把我和其他孩子比？况且我什么时候考了班级倒数第一、年级倒数第三了？你这样诋毁我，对你有什么好处？"妈妈恍然大悟，接着却不以为然地对琪琪说："哎呀，那你的学习成绩也没人家好呀！我这么说，只是为了起到强烈的反差效果，让你更加发奋图强而已！”琪琪冷笑着说：“以后，我就按照你说的成绩去考，努力实现班级倒数第一、年级倒数第三，这样你说的话才不算是撒谎呀！”看到琪琪愤怒的样子，妈妈突然感到非常羞愧。

很多父母都喜欢把自己的孩子和别人家孩子进行比较，却从来没有想过，孩子们是否会把他们和别人的父母进行比较呢！其实没有人愿意被人拿来和别人比较，不管是孩子还是成年人。在生活中，总有潜在的竞争对手，尤其是现在，大多数父母都热衷于说别人家的孩子，对别人家的孩子津津乐道，无形中就会伤害到自家孩子的自尊心。在他们的心目中，别人家的孩子总是出类拔萃、前途无量的，而自己家的孩子总是默默无闻、前途未卜的。实际上，这样比较会给孩子造成巨大的心理压力，使孩子不知道应该如何做好自己。在这样的情况下，孩子不但会对父母感到愤怒，而且会因为父母这种盲目的比较行为而渐渐地疏远父母。

作为父母，如果实在不能理解孩子的感受，不妨设身处地地想一想，如果自己在单位里被领导开会的时候点名批评，那么自己会有多么尴尬？虽然人们都说良药苦口、忠言逆耳，如果能够不那么逆耳，也把话说到别人的心里去，那岂不是会达到更好的效果？在教育孩子的时候，父母一定要把握一个原则，就是要爱护孩子的面子，维护孩子的自尊，切勿当着外人的面把孩子的自尊变成一地碎片。

很多父母误以为以这样暴露的方式揭露孩子的短处，会激励孩子努力上进，实际上这样的想法是完全错误的。英国有一位教育学家曾经说过，如果孩子的过错父母能够保密，那么孩子就会非常看重自己的名誉，也会非常在乎别人对自己的评价；如果父母总是当众把孩子的过错宣示出来，那么孩子就会颜面尽失，也会无地自容，他们就不会再那么看重自己的名誉，也不会维护他人对自己的评价。这不就是我们平日里所说的自我放弃、“破罐子破摔”吗？所以，父母一定要认识到当众批评会给孩子带来怎样严重的后果，并在生活中坚决避免当众批评孩子。

有的时候，孩子会当众犯一些错误，在公共场合里做出一些不当的行为，或者说出一些不合时宜的话。遇到这种情况，父母可以委婉地提醒孩子，也可以用眼神示意孩子，等到周围没有别人的时候，父母再来告诉孩子哪些地方做得不对，应该如何改正。这样孩子一定会很愿意接受。如果孩子当众做出的行为必须要马上禁止，那么，父母也可以找一个借口，带着孩子去安静的地方，教会孩子正确的做法，比如带着孩子去洗手间或者带着孩子去喝水，或者把孩子叫到僻静的角落，都可以保护孩子的隐私，也让父母对孩子的教育可以顺利地进行。

第六章
不得不说的话题，助力孩子避开成长误区

当孩子进入青春期，父母会发现与孩子之间的话题不再那么简单轻松，这是因为随着不断地成长，孩子的心思变得越来越复杂，对于生命的起源也开始感到好奇。尤其是在青春期，荷尔蒙大量分泌，使得孩子的身体和心理都处于快速地成长和变化之中。那么，父母如何与孩子沟通那些不得不说的话题呢？显而易见，一味地逃避并不是好的选择，因为哪怕父母刻意回避，也不能阻止孩子成长的脚步。明智的父母会以合适的方式与孩子沟通成长的烦恼与困惑，助力孩子健康快乐地成长。

帮助孩子了解生命，适时对孩子进行性教育

有些父母一直不知道应该如何与青春期的孩子提起关于性的话题。然而，随着社会的开放，一些青少年会发生婚前性行为，又因为他们并没有接受正确的性教育和性引导，所以在进行婚前性行为的时候，他们会做出很多的错事，给自己和对方都造成了严重的伤害。还有一些青少年因为害怕被其他人知道这件事情，所以精神非常紧张，总是试图掩饰这件事情，导致身心受到双重的压力和折磨，由此陷入紧张、焦虑的情绪中，严重的还会患上抑郁症，影响的健康。

那么，家有青春期的孩子，父母到底应该如何对孩子进行性教育，才能有效地帮助孩子避免性伤害，也能让孩子更好地保护自己呢？具体来说，父母要坚持四个原则。

第一个原则是要教会孩子生理知识。每年暑假过后，医院里都会迎来很多未婚少女就诊，其中有很多少女因为没有掌握正确的生理知识，导致患上了严重的妇科炎症，也有一些少女会意外怀孕。对于还很年轻的女孩而言，这些疾病或者意外，会给她们的身体和心灵带来严重的伤害。有一些孩子过早地品尝了禁果，但他们的生理知识是从网络或者是同伴那里得知的，并不十分正确，就会使他们受伤害的概率更大。

第二个原则是不仅要帮助孩子树立正确的恋爱观，也要让孩子树立正

确的性观念和性意识。对于很多孩子而言，他们并不能真正理解性的含义，也不知道所谓的爱到底是什么，所以他们始终处于懵懂的状态，对自己的行为不能控制，直到伤害发生了才追悔莫及。显而易见，凡事未雨绸缪比亡羊补牢要好，那么，未雨绸缪这件事情就应该由父母来做。

第三个原则是让孩子学会避孕。不管家里是有男孩儿还是女孩儿，父母都要教会孩子生理知识，也要告诉孩子如何保护自己。当孩子知道怀孕的原理时，他们就能有效地避免怀孕，当然这并不是说要鼓励孩子进行性行为，而是说当性行为不可避免的时候，至少要帮助孩子降低伤害。很多父母都像掩耳盗铃的人一样自欺欺人，觉得只要不对孩子提起性，孩子就不会有这方面的行为。实际上，这样的理解是完全错误的。现代社会信息大爆炸，孩子如果想要了解某些方面的信息，很容易就能通过网络搜索到。即使父母对性话题讳莫如深，孩子和同龄人也会通过网络等渠道来了解性知识，而对性知识的一知半解正是他们遭受性伤害的主要原因。与其让孩子自己懵懵懂懂地被伤害，不如早早地对孩子进行性知识的普及，教会孩子保护自己，学会避孕。

第四个原则是当真正糟糕的情况发生之后，父母一定不要慌张。有些父母在得知孩子意外怀孕的时候，就如同遭遇晴天霹雳，恨不得当即就让时间倒转。然而任何事情都不可能逆转时空，孩子一旦受到了性伤害，身心都面临严重的创伤，父母的过激反应只会使他们的心理创伤加重。很多孩子因为担心父母有过激反应，在意外怀孕之后会采取各种方式尝试解决问题，甚至因此而失去生命。其实父母对孩子最好的保护就是让孩子在发生事情的时候能第一时间告诉父母，至少父母会比同龄人拥有更多的经验，也具备判断能力，可以有效地保护孩子。所以在孩子犯错误之后，父母不要急于批评和责怪孩子，而是要先安抚孩子那颗慌乱紧张的心，然后帮助孩子解决问题。最重要的是，要给孩子吃一颗定心丸，让孩子知道，不管在什么情况下，父母都是非常爱他的，也是他最坚强的后盾。这样一来，孩子才能够在父母的支持和帮助下顺利渡过难关。

在坚持以上四个原则之后，父母就应该以更开放的心态来面对孩子的性教育问题。很多父母刻意逃避这个问题，并且寄希望于学校开展的课程能够帮助他们完成性教育，而实际上，青春期的孩子迫切需要关于性的各种知识。在孩子成长过程中，性知识的缺失，正是导致他们在性方面频繁犯错的原因。所以父母首先要正确认识性教育的问题，然后才能做出正确的举措帮助孩子。

青春期的孩子很像是行走的荷尔蒙，他们会出现性冲动的行为，也会处于性困惑的困局之中。这种情况下，如果父母能够及时地引导和帮助他们，他们就能够顺利地度过青春期。当父母们把性教育的希望寄托于学校的时候，学校教育同样处于非常尴尬的境遇之中，虽然在青春期孩子的课程中设置了关于两性知识的课程，但是老师在给孩子们讲述这个课程的时候也是非常隐晦的。对每个孩子而言，父母才是他们最好的性教育老师，因此，父母要肩负起孩子第一任性教育老师的重任，在对孩子进行性教育的时候，要怀着坦率的态度，也可以与孩子进行一些探讨，帮助孩子揭开性的神秘面纱，让孩子能够以正确的态度面对性，才能够在遇到实际情况时采取有效的措施保护好自己。

其实，对孩子进行性教育有很多种方式。现在社会上各种关于青春期性教育的书很多，父母如果不好意思直接和孩子说起性这个话题，那么，可以先为孩子买一些相关的书籍，让孩子阅读。当孩子对性有了一定的了解之后，可能会产生些疑问，面对孩子提出的关于性的问题，父母不要指责孩子好奇心过剩，而是应该耐心地为孩子解答问题，循循善诱地引导孩子揭开性的神秘面纱，让孩子正确地对待性。

在躁动的青春期，有些孩子无法控制自己对异性的好感，也许会偏离正常轨道。实际上，很多父母都会把这样的孩子归之为“变坏了”。从本质上来说，这不是孩子“变坏了”，只是青春期正常的身心反应。作为父母，在孩子偏离正常成长轨道的时候，要及时地把孩子拉回正轨，而不要一味地责怪孩子或者直接放弃孩子，责怪和放弃是对孩子最大的不负责任。作为父母，既要以开放的态度来包容孩子，也要以正常的理解和尊重来挽回孩子的信任，与孩子进行无障碍的沟通，只有这样才能帮助孩子走出困惑和危险的禁区。

离家出走，孩子与父母心中的伤痛

近些年来，青春期孩子自杀的事件频繁发生，也有一些孩子选择以离家出走的方式来与父母对着干，拒绝父母的管教。不得不说，这些都是父母心中的隐痛，也是父母忧虑的根源。对所有的父母来说，孩子们的安全是他们最关心的事，尤其是在孩子突然离家出走的时候，父母更是非常揪心。那么，孩子为什么会选择离家出走呢？每个孩子离家出走的原因都是不同的，但是不同的原因都指向一个根本的原因，那就是孩子在家庭生活中不能感受到足够的温暖，对父母也没有足够的信任，在无法获得更彻底的解脱之前，他们决定一走了之，从而逃避父母的管教和约束。

面对孩子的不告而别，父母一定是抓狂的。那么，离家出走的孩子有哪些共同特征呢？首先，他们的性格往往都是非常内向孤僻的，不愿意和父母沟通，很少和同龄人交往。在学习方面，他们很难做到出类拔萃，成绩处于班级中下等水平，这使他们感到非常焦虑。其次，他们也许因为一些特殊原因才导致成绩出现很大的波动，他们更渴望拥有金钱或者更容易受到社会上不良人员的影响，把钱看得非常重要，而把学习看得非常轻，他们甚至觉得哪怕不学习，也可以拥有很好的人生。这使得他们通过离家出走的方式来逃避学习。再次，有些孩子在离家出走之前已经有过逃学的行为，他们在学校不愿意遵守课堂纪律，不愿意认真听讲，他们不管对学校还是对家庭都非常冷漠，缺乏责任心。最后，离家出走的孩子都对父母心怀抵触，经常顶撞父母，甚至和父母发生争吵。有时候父母生气了，打他们两巴掌，他们还会和父母对着打，不得不说，这样叛逆的孩子什么事情都能做出来。

看到这里，相信一定有人会说，既然孩子一切问题的根源都在父母的身上，那么作为父母，为什么不能和孩子好好相处呢？如果父母可以得到孩子的信任，也可以用朋友的身份与孩子进行沟通，孩子还会离家出走吗？当然不会，其实这么说是有道理的，因为父母只有打开孩子的心扉，让孩子不再叛逆，孩子才不会动离家出走的心思。当然，孩子离家出走的原因是错综复杂的，既有家庭的原因，也有社会的原因，最直接因素是孩子与父母关系紧张，家庭冲突非常尖锐。还有一个原因是，孩子平日里生活得很顺，从来没有被父母批评过，当父母突然批评他们的时候，他们根本无法承受，才会在一时冲动之下选择离开家。

有些孩子的离家出走是冲动之举，有些孩子离家出走则是策划已久的。对于冲动离家的孩子来说，他们一定没有想到离开家之后会面临怎样的困难，会遭遇怎样的危险；而对于那些蓄谋已久想要离家的孩子来说，他们也未必对未来的生活有明确的预期。所以，在和孩子沟通的过程中，父母除了要选择合适的方式和孩子进行交流之外，也要经常给孩子打打预防针，让孩子知道社会有多么险恶，这样孩子在决定离家出走的时候，就会更加慎重地思考，也会考虑到方方面面的危险。

作为初二的学生，音音这次考试的成绩并不好。回家里之后，她胆怯地把成绩单拿给爸爸妈妈看，爸爸还能够控制住自己的情绪，只是狠狠地瞪了一眼，妈妈却是当即对音音劈头盖脸地数落起来：“你这个熊孩子到底是怎么回事儿？每次考试都是这个熊样子！你看看楼上王婆婆家的小娜，人家每次都能考到班级第一名，小时候你可比小娜聪明多了，怎么到学习方面就不行了？我养了你这么个孩子，可真是丢脸啊！”

妈妈丝毫没有注意到音音的脸色，如同竹筒倒豆子一般批评完音音之后，音音回到书房里写作业，妈妈则忙着做饭，爸爸在卧室里看电视。趁着爸爸妈妈不注意的时候，音音拿着随身的钱包离开了家。等到妈妈做好晚饭，喊音音吃饭，喊了几次也不见音音出来的时候，这才打开房门查看，发现房间里空空如也。爸爸和妈妈当即疯了一般四处寻找音音，但是他们找了很久都没有找到音音，只好选择报警。警察通过调监控录像发现音音上了一辆长途大巴车，又到了火车站乘坐火车离开了。看到寻找音音就如同大海捞针一样困难，妈妈不由得大哭起来：“要是早知道会这样，我怎么也不会说她考试考得不好呀！音音，你快回来，我再也不要求你考试考第一了，你只要平平安安的就好。”

后来，在警方的努力下，一周后，他们找到了音音。这个时候，音音已经到了一个偏僻的小山村里，被人贩子控制起来了。看到失而复得的女儿，爸爸妈妈抱着音音痛哭。警察避开音音的面，非常严厉地教育了她的爸爸妈妈：“孩子可不是学习的机器，有的孩子学习成绩好，有的孩子学习成绩不好，这与天分和遗传因素也有关系，你们不能把责任都推到孩子的身上。孩子还这么小，怎么能够忍受你们这样批评呢？”爸爸妈妈连连点头，他们保证以后再也不会因为学习而批评音音，警察继续说：“就算不是因为学习，孩子犯了其他错误，你们也要包容。如果孩子什么错都不会犯，那还要父母干什么？”

的确，如果孩子什么事情都能做得很好，那还要父母做什么呢？父母存在的意义不仅仅是照顾孩子，也在于为孩子及时指出各种错误，帮助孩子健康成长。如果父母在孩子有任何问题的时候，第一时间就批评和指责孩子，那么孩子就会失去信心，也不愿与父母继续生活在一起。通常情况下，家庭矛盾是导致孩子离家出走的主要原因，而在出现家庭矛盾时，父母对孩子恶言恶语进行语言暴力，更是导致孩子下定决心出走的根源。作为父母，不管孩子犯了怎样的错误，也不管孩子的表现距离父母的预期有多大，父母都要无条件地接受孩子。从心理学的角度来看，如果孩子在成长过程中长期遭受精神上的虐待、心理上的伤害，那么他们的性格就会扭曲，甚至有可能厌倦人生。

也有很多父母是无知无觉的，直到孩子离家出走之后，他们才意识到与孩子的相处出现问题。这样的父母往往“神经大条”，自己本身心思粗糙，就觉得孩子也同样心思粗糙。他们根本不了解孩子的心中每天都在想什么，也不知道孩子的真实感受，他们会做的不是对孩子下达命令，就是冷嘲热讽、挖苦讽刺，强制要求孩子必须按照父母所说的去做。在这样的情况下，孩子会感到非常无奈和苦恼。这就又回到老话题，就是父母不仅要与孩子进行良好的沟通，还要与孩子进行更好的互动。作为父母要以合适的方式和孩子说话，不要总是对孩子颐指气使，尤其是在和孩子沟通的过程中，不要总是提到学习的问题。其实，青春期的很多孩子都特别厌烦父母不管说什么话都以学习为主，这只会让孩子觉得父母根本不关心他们，而只关心他们的学习，把他们当成学习的机器。

家庭教育最高的境界就是父母能够得到孩子的信任，孩子不管有什么问题，都会向父母倾诉。建立了顺畅的沟通渠道后，父母就可以随时掌握孩子的心理状态和情绪状态。当发现孩子的内心有不好的苗头出现的时候，父母就可以及时有效地帮助孩子。父母要把家营造成孩子心灵避风的港湾，让孩子不管有什么事情，都想回到家里接受父母的安抚。如果父母能让孩子觉得安心踏实，孩子又怎么会选择离开家呢？

逃学不可耻，对症下药才能有效改善

当孩子进入青春期，父母会发现一个令人抓狂的问题，那就是在小学阶段对于学习非常积极主动的孩子，在进入青春期之后在某一个特殊的时期里，他们会对上学产生抗拒的情绪，甚至会刻意地逃避去学校。有些孩子会直接向父母表明他们不想去学校，也有些孩子会隐瞒父母，直接逃学，直到老师告诉父母孩子已经接连几天没有去学校了，父母这才恍然大悟：原来，孩子每天正常的时间出门没去上学，而是溜到某个地方去玩耍！得知这个消息的时候，很多父母都会气得头昏脑涨，恨不得当即就狠狠地揍孩子一顿。然而，不管是怒骂还是狠揍孩子，都不能解决问题。父母到底要如何做才能消除孩子对学校的抵触心理，让孩子还像小时候一样喜欢去学校，发自内心地热爱学习呢？

所谓“解铃还需系铃人”，要想真正解决孩子的逃学问题，父母首先要做的就是找到孩子逃学的原因。每个孩子逃避去学校的原因都是不同的。青春期孩子的情绪非常敏感，内心非常脆弱，他们逃避去学校也许只是一个很小的原因。例如，不喜欢某一位老师，或者被同学排挤了。当然也有一些比较严重的情况，例如，现在很多学校里都存在校园霸凌现象，这会让孩子觉得学校就像地狱一样，不愿意在学校里生活。当孩子出现这样的情况时，父母无法每天都押送孩子去学校，更不可能整个白天都留在学校里监管孩子。除了对孩子进行思想教育之外，父母似乎也没有更好的办法。这种情况下，就一定要找到孩子逃学的真正原因，这样才能有的放矢地解决问题。

有的孩子之所以逃学，并不完全是学校的原因，也有可能是家庭原因导致的。例如，有些父母正在闹离婚，让孩子选择到底跟谁一起生活，在这样两难的选择之中，孩子感到非常无奈，也很无助，然后他们就会选择逃避。还有的孩子因为父母给他们报名参加了很多的课外班，到了周末的时候根本不能得到休息，反而比平日上学更累，所以他们就会在平日上学的时候逃学，让自己获得片刻的自由。也有的孩子是因为和社会上不良人员来往，受到了不良的影响。例如，很多青春期的孩子和社会上的小混混一起偷鸡摸狗，感受到了不需要上学而且每天还能尽情狂欢的快乐，他们就会开始厌倦上学。不管孩子因为哪一种原因而逃避学校，父母都要抓住这些原因有的放矢地解决问题。

很多时候，孩子逃学很长时间，父母都没有发现，这实际上是父母的失职。作为父母，虽然孩子到了青春期之后有了一定的独立能力，但是切勿就此放松对孩子的监管，尤其是相比小学阶段需要依靠父母的孩子来说，青春期的孩子更加独立，可实际上面临着更多的诱惑和危险，这是因为他们行动的半径扩大了，接触的人员也更加复杂了。而且他们看似已经长大成人，实际上他们的心思还非常单纯，对于很多问题都没有独立处理的能力。在这种情况下，父母更应该本着对孩子负责的态度，净化孩子交往的环境，密切关注孩子的心理和情绪变化，这样才能在问题露出苗头的时候及时解决，以避免问题变得越来越严重，发展到没有有效解决办法的地步。

在找到孩子逃学的原因之后，接下来父母就要采取有效的举措，避免孩子逃学。很多青春期的孩子长得比父母还高大，所以，父母采取强制的手段并不能让孩子心甘情愿地去学校里上课。为了避免孩子逃学，父母要采取以下几种有效措施。

第一种方法就是要净化孩子的朋友圈。所谓朋友圈并不单纯指微信上的朋友圈，也指孩子身边的那些朋友。虽然父母不应该干涉孩子交朋友，但是，当发现孩子与社会上的不良人员交往的时候，父母一定要及时制止。在如何选择朋友方面，父母也要教会孩子树立起正确的标准，让孩子知道好朋友可以帮助他们获得成长，而那些糟糕的朋友会让他们在行为举止方面出现严重的退步。所谓“近朱者赤，近墨者黑”，青春期的孩子已经具备了初步的判断能力，他们也不愿意因为朋友而走上人生的下坡路。只要父母对他们动之以情，晓之以理，真正地说服他们，相信他们是会接受父母建议的。

第二种方法是要多关心孩子。很多父母人到中年，都忙于打拼事业，所以无形中忽略了孩子，或者把孩子交给老人照看，或者让孩子独立生活。只有在晚上的时候，辛苦忙碌了一整天的父母才会带着满身疲惫回到家里，但孩子往往已经睡着了。如果父母长期跟孩子没有沟通，那么他们即使为孩子提供了很大的房子，对孩子来说那也只是房子，而不是家；他们即使为孩子提供了丰富的物质条件，对孩子们来说那也只是冷冰冰的东西，而不是父母给予他们的爱。所以，父母要真正弄清楚孩子需要的到底是什么，要为孩子把家打造成温馨的港湾，要让孩子知道父母是他们永远的依靠。唯有如此，孩子才会更依赖家庭，才会想要更亲近父母。

第三种方法是承担起教育的责任。大多数父母都认为只要把孩子送到学校，自己就完成了任务，就不需要再为孩子的学习而烦恼。实际上，学校教育只是一部分，家庭教育才是主体。这是因为学校教育只能在白天进行，而父母和孩子相处的时间更长，也更了解孩子。所以，父母既不要把教育完全寄托在学校上，也不要把所有的教育任务都安排给老师，而是要主动承担起重要的家庭教育者的责任。毕竟老师在孩子的生命中只是过客，父母却是与孩子终身相伴的人。尤其是在和学校教育并行期间，父母更是要主动与老师联络，通过了解孩子在学校里的各种表现，及时把握孩子的心理动态和成长状态。这样一来，才能及早发现问题，及时解决问题。而且父母经常与老师沟通，也可以把孩子在家庭生活中的一些情况反馈给老师，从而实现真正的“家校互动、家校一体”，对孩子的教育进行全方位的把控。

第四种方法是父母要经常与孩子沟通。父母要深入了解孩子有哪些兴趣爱好，深入了解孩子的脾气秉性，这样才能够针对孩子的特点，因材施教。尤其需要注意的是，父母在与孩子沟通的时候，不要总是张口学习闭口学习，而是要真正尊重孩子的兴趣爱好，倾听孩子的心声，这样才能够打开孩子的心扉，走进孩子的内心。一旦发现孩子有逃学的念头，父母可以借助沟通的机会，及时了解孩子逃学的起因，从而帮助孩子打消逃学的想法。

如果父母连孩子为什么逃学都不知道，就不可能帮助孩子爱上学校、爱上学习。父母应该是这个世界上最了解孩子的人，至少在孩子成长的阶段中，父母应该是孩子最为忠心的陪伴者。孩子身上的很多问题都是因为父母的家庭教育工作没有做到位，所以当父母发现孩子出现问题的时候，不要急于指责孩子，而是要给予孩子更多的关心和照顾，也要真正地理解孩子，这对于拉近与孩子的距离，帮助孩子摆脱青春期的困惑，消除孩子青春期的烦恼，都是大有裨益的。

早恋，是一朵带刺的玫瑰

家有青春期的孩子，每当说起早恋的问题，父母们都会感到非常紧张。很多父母都把早恋视为洪水猛兽，认为孩子一旦开始早恋，就会荒废宝贵的学习时间，导致学业受到严重的影响。那么，到底什么是早恋呢?

所谓早恋，是针对青少年之间的恋爱现象而言的，是因为青少年在生理和心理上还没有完全成熟，对于爱情的理解也是非常懵懂的。但是在进入青春期之后，因为体内激素的大量分泌，青少年开始对异性表现出爱慕的倾向，他们从不愿意和异性交往，到主动接近异性，与异性频繁交往，自然而然就发生了早恋。

从人性的角度来分析，早恋也是正常的身心需要，但是因为青春期的孩子正处于学习的关键阶段，而且他们并没有真正地身心成熟，所以，父母们对于孩子早恋的事情还是非常担忧的。包括学校的老师，也会非常关注孩子早恋这方面的动向，从而及早进行干预。

具体来说，早恋有以下几方面的不良影响。首先，早恋很大概率上会影响孩子的学习，一则是因为早恋会占用孩子的学习时间；二则是因为早恋会使孩子的心绪出现较大的波动，无法专心致志地投入学习。其次，早恋可能会在孩子心中形成阴影。这是因为早恋都是很不稳定的，孩子们并不知道爱情真谛为何物，就开始谈论爱情，他们的情绪也不稳定，分分合合会让他们受到恋爱的负面情绪影响，产生心理阴影。最后，也是早恋最为严重的影响，那就是当早恋的情感发展到一定阶段的时候，有极少数的孩子会过早地进行性尝试，然而他们并不了解性，又因为性教育的缺失导致他们无法很好地保护自己，从而使自己的身心都受到伤害。毫无疑问，这对孩子而言是难以承受的生命之痛，甚至会对他们的一生都造成影响。所以不管是父母还是老师，都要深刻认识到早恋的危害，也要以正确的态度对待孩子的早恋问题，给了孩了积极的干预，这样才能帮助孩子正确地理解和对待早恋。

当然，要想正确对待孩子的早恋问题，就要有正确的态度。父母要认识到，孩子正处在青春期，因为体内激素的分泌对异性产生好感，这是完全正常的生理和心理需求。在这个阶段，只要是发育正常的孩子，都会对异性产生亲近的感觉。他们想要更加了解异性，也想要与异性有更为频繁的交往，不过这并不是真正的恋爱，从本质上来说，这只是一种朦胧美好的愿望而已。因为孩子们通过各种媒体或者影视剧节目对早恋产生了一种朦胧的幻想，所以他们就会更渴望早恋，也不愿意控制自己的情感，但早恋具有很大的不确定性，大多数早恋都会无疾而终。这使得正处于初高中重要学习阶段的青春期孩子学习受到影响，导致学习成绩严重下滑。父母只有在认识到这一点之后，才能帮助孩子顺利地渡过这个危机。当然，在此过程中，亲子之间的沟通是非常重要的，如果父母根本不知道孩子到底发生了什么，那么就无法帮助孩子顺利渡过危机。

很多父母一旦看到孩子与异性交往，就会马上禁止。实际上，矫枉过正并不可取。孩子与异性之间的交往并不都是早恋，通常情况下，如果孩子与一个异性密切交往，那么父母要引起警惕。但是如果孩子与很多异性都保持着良好的关系，例如有些女孩子天生就大大咧咧的，属于男孩子性格，不喜欢和女孩子玩，喜欢和男孩子在一起疯玩。这样的情况并不属于早恋。青春期孩子进入初、高中后，并不意味着孩子绝对不能和异性交往。现代社会有着开放融合的氛围，所以父母要正确对待孩子与异性之间的交往。有的时候，父母过于压制孩子，反而会让孩子产生早恋的苗头。父母更不要不由分说地就给孩子扣上早恋的帽子，这样会起到相反的效果。

那么，如何界定孩子是否在早恋呢？其实孩子的早恋是有特点的。具体来说有以下几点。首先，早恋是一种非常朦胧的感觉，而且他们彼此之间的感情是非常单纯的。通常情况下，在青春期，女生因为身心发育比男孩早一些，所以女生会较早发生早恋。其次，早恋有着很强的不确定性。因为孩子们都还没有真正长大，距离结婚还非常遥远，所以早恋的感情会经历更多的考验。最后，尤其需要注意的是，早恋的孩子都非常冲动。他们虽然并不理解什么是真正的爱，却自以为是地认为正在经历的就是惊天动地、轰轰烈烈的爱情，所以可能会做出一些轻率的举动，也会在冲动之下逾越正常的交往范围。

通常情况下，在学校里，那些学习成绩特别好的班干部，因为要履行相应的职责，频繁地与异性接触，也因为在班级里很有威信，所以会引起异性的爱慕。另外，那些家庭不健全的同学，因为不能够感受到家庭的温暖，也会想从同龄人身上寻求温暖。还有学习成绩不好的同学，因为承受了很大的心理压力，也会试图以早恋的方式来安抚自己的内心。尤其是同龄人的爱慕，会让他们觉得枯燥的学校生活突然变得生动有趣起来。当孩子有这些特征的时候，父母就要特别关注孩子，及时地发现孩子早恋的苗头。

从根本上说，父母要温暖孩子的内心，就要让孩子在家庭生活中感受到非常民主的氛围，让孩子热衷于与父母沟通。父母对孩子开展教育或者是关心孩子，一个最基本的前提就是要知道孩子到底在想什么，或者要了解孩子内心真实的想法。只有父母及时觉察到孩子的异常，才能在第一时间给予孩子有效的帮助。如果父母总是对孩子非常严厉，或者一旦发现孩子犯错误，就对孩子各种批评和指责，那么孩子就不会愿意向父母倾诉心事。对孩子早恋的问题，或者是对待孩子与异性交往的问题，父母要做到理解而不封杀，支持而不放纵，这样才能帮助孩子确立行为的边界，确立交往的边界，让孩子与异性的交往始终保持在正常的范围内。其实，孩子在成长过程中会一直与异性接触，如果父母只靠着压制，是根本无法管好孩子的，只有让孩子发自内心地认识到早恋的危害，形成正确的恋爱观，孩子才会做出理性而正确的选择。

要想戒除网瘾，就要精彩生活

这些年来，为了让孩子戒掉网瘾而导致的悲剧时有发生。有一些孩子上网成瘾，父母对他们实在无计可施，就只能把他们送到各种戒网瘾的学校。其中有极少数的孩子在进入戒网瘾学校之后，没几天就离奇死亡了。不得不说，他们的死亡有一部分是父母造成的，如果作为孩子最亲近、最信任的父母，都不能陪伴孩子戒掉网瘾，帮助孩子熬过人生中的黑暗时刻，那么，父母又怎么能够信任那些资质不明的戒网瘾学校可以帮助孩子成功地戒掉网瘾呢？养育孩子绝不是花钱把孩子送到某一个特别的机构，孩子就能够具备某种能力、学会某种技能或者是戒掉某种不好的行为习惯。作为父母，一定要本着对孩子负责的态度，不管孩子身上出现什么问题，都要坚定不移地陪伴在孩子身边，都要用爱来温暖孩子，这样才能够真正地帮助孩子。

随着电脑的普及，如今家家户户都有台式电脑或者笔记本电脑，或者智能手机，这使得上网成为随时随地都可实现的事情，也使得越来越多的青春期孩子出现网络成瘾的现象。那么，什么是网络成瘾？1994年，美国精神病医生伊万·戈德堡把网络成瘾定义为一种新型的心理疾病，并命名为网络成瘾症。从心理学的角度来说，所谓网络成瘾也叫“病态网络使用”，这是因为患有此病的人在使用网络的时候会因为冲动而过度使用网络。在此过程中，他们的社会功能、心理功能都会受到严重的损害，有很多过度依赖电脑和网络的人甚至不能进行正常的社会交往，他们对于自身状态也不能有效地控制，处于一种完全失控的状态。在很多网络成瘾者的身上都可以发现情感淡漠、自我封闭的特点。他们之中有很多人的社会交往能力都出现了下降。他们总是沉浸在虚拟的世界里，对于现实世界并不感兴趣，对于周边的人和事物也丝毫不关心，这使得他们出现了偏执、抑郁等心理状态。在这种心理状态下，他们的身体健康也会受到影响。还有很多严重的网络成瘾者根本不能进行正常的学习和工作，必须长期依赖服用相关的药物进行治疗，才能勉强维持正常的生活。

那么，这个“瘾”又如何界定呢？很多人都认为是否成瘾是根据上网的时间来界定的。实际上，上网时间的长短的确是判断是否网络成瘾的一个重要指标，但是上网时间的长短并不是判断网络成瘾的唯一指标。有很多人也会长时间上网，但是他们是为了学习或者工作，并不是因为网瘾导致他们每天都盯着电脑。在这种情况下，他们即使上网的时间很长，也不能判定他们是网络成瘾，因为他们随时都能停止上网，只要终止学习和工作，他们就可以很好地控制自己上网的欲望，或者可以说他们并没有上网的欲望，而只是把网络当成学习和工作的工具，那么当然也就不存在网络成瘾的问题。

处于青春期的孩子，有很多人都出现了网络成瘾的现象。通常情况下，青春期孩子网络成瘾的原因，主要分为主观原因和客观原因。主观原因方面，孩子缺乏对虚拟世界的控制力，他们沉浸在虚拟世界的血腥、暴乱或者是其他特征之中，觉得网络虚拟的世界比现实的世界更有趣。更重要的是，在虚拟的世界里，他们可以作为世界的主宰者出现，这满足了他们的心理需求。客观原因方面，通常网络成瘾的孩子在生活中都缺乏关爱，有些孩子是农村的留守儿童，父母一直在大城市打工，他们和爷爷奶奶生活在一起，与爷爷奶奶之间存在严重的代沟，爷爷奶奶并不能满足他们的精神和情感需求。也有一些孩子在生活中遭受挫折，在学习上不能出类拔萃，因此常常会否定自己、压抑自己，所以就逃避到虚拟的网络世界中寻求刺激和快乐。

不管是主观的原因还是客观的原因，孩子一旦出现网络成瘾的现象，就很难控制自己。那些容易网络成瘾的孩子一般都有如下几个特点。有些孩子学习成绩不够理想，在现实生活中不能获得成就感和满足感，就在虚拟世界里寻求心理平衡；还有的孩子虽然学习成绩很好，但是他们还没有形成正确的学习观，他们之所以努力学习，可能只是为了满足父母的虚荣心，让父母有“资本”可以和其他人攀比；还有的孩子缺乏社交能力，在和同龄人相处的过程中不能够结交很多的朋友，而且他们的心思很狭隘，在人际交往的过程中常常会与他人发生各种矛盾；也有的孩子因为家庭生活不和睦，随着社会的发展，现在很多夫妻之间都会因为各种原因而选择离婚，不管是单亲家庭还是闹离婚的家庭中，孩子都会承受巨大的心理压力，所以他们在现实生活中感到无奈和无助的时候，就会逃避进网络的虚拟世界里。当然，孩子不管因为什么导致网络成瘾，归根结底都是他们缺乏自制力，可以说，缺乏自制力是所有网络成瘾者共同的问题。有自制力的孩子，尽管也会承受各种各样的烦恼和压力，但是他们并不会选择以这样放纵的方式让自己沉迷于虚拟的世界；缺乏自制力的孩子则不同，他们找到理由就会放纵自己，让自己在网络的世界里不断地沉沦下去，从而使网瘾越来越严重。

毋庸置疑，网络成瘾的危害是非常大的。网络成瘾不仅会影响孩子的学习，还会让孩子失去控制力，沉迷于网络的世界中无法自拔，甚至会影响孩子各种价值观念的形成，甚至导致孩子做出犯罪的行为。有些孩子为了得到上网的费用，甚至会残忍地杀害自己的家人，夺取家人的金钱。不得不说，这种恶劣的表现令人发指。那么，有哪些方法可以帮助孩子戒除网瘾呢？显而易见，把孩子送去戒网瘾学校并不是最好的选择。虽然帮助孩子戒除网瘾的确是有很大难度的事情，但是父母应该本着对孩子爱和负责的态度，不要放弃孩子，更不要轻易把孩子赶出家门。

首先，父母应该学会上网。很多父母与孩子之间都有代沟，是因为父母并不知道网络是怎么回事儿，他们只是一味地劝说孩子不要沉迷于网络，而不知道孩子为何沉迷于网络。所以，父母要学会上网，这样父母至少可以了解孩子沉迷于网络的原因，也可以引导孩子正确上网，还能监督孩子健康上网。如果孩子在上网过程中碰到一些问题，父母还可以与孩子及时沟通，从而帮助孩子规避那些不良网络的影响。懂得网络的父母还可以在电脑上设置防火墙，这样一来，就可以拒绝很多不良的信息，消除网络上的负面信息给孩子带来负面影响。父母只有当好孩子的引路人，才能够让孩子正确地使用网络。其实网络就像一把“双刃剑”，当孩子网络成瘾的时候，网络就会伤害孩子；而当孩子能够自主合理地使用网络时，网络就能帮助孩子学习，促进孩子成长。

其次，当父母发现孩子网络成瘾的时候，切勿一味地打骂或者责怪孩子。很多父母都奉行“棍棒教育”。不管孩子出现什么问题，他们对孩子非打即骂。其实孩子一旦网络成瘾再想要戒掉，是一个非常艰难的过程。在这个过程中，父母扮演着非常重要的角色。如果父母总是给予孩子消极的力量，那么孩子很有可能会更加“破罐子破摔”，也更加沉迷于网络。父母只有给孩子爱和温暖，才能够把孩子从冰冷无情的网络世界里拉出来。在此过程中，父母可以帮助孩子丰富生活，带着孩子进行各种各样的活动。例如，周末的时候可以和孩子一起去爬山，带孩子在野外宿营，还可以组织同龄的孩子在一起开展各种活动。当孩子发现现实生活充满乐趣的时候，就不会再像以前那样沉迷于网络了。渐渐地，父母就能把孩子从网络世界里拯救出来，让孩子回归生动温暖的现实世界。

再次，父母一定要对孩子起到监督的作用。很多父母忙于工作的时候，就把孩子独自留在家里。其实孩子的自控力是有限的，即使孩子已经进入青春期，能够理性地思考，也能进行判断，但是面对网络的诱惑，他们的抵制力量是很弱的。结合孩子自制力差的特点，父母应该适时地给予孩子提醒，帮助孩子从网络世界里摆脱出来。当然，在监督孩子的时候，父母不要禁止孩子使用网络，这是因为过度禁止会引起孩子反感，反而会事与愿违。所谓“哪里有压迫，哪里就有反抗”。毕竟网络是现代社会的产物，如果父母坚决禁止孩子接触网络，那么孩子反而会对网络更加好奇。所以父母在监督孩子的时候，要给孩子规划合理使用的时间，也要为孩子规定使用网络的各种规则，让孩子在遵守规则的范围内使用网络。让孩子在合理时间内适度接触网络，可以避免孩子对网络过于好奇。

最后，父母还应该是孩子的心理治疗师。当孩子网络成瘾的时候，只依靠心理医生，往往无法有效地帮助孩子戒掉网瘾。父母既是孩子的陪伴者，也是孩子的老师，还是孩子的朋友。除此之外，父母还应该是孩子的心理治疗师。对于父母来说，并不需要掌握特别专业的心理治疗知识，而是需要了解一些基础的心理学知识，从而帮助自己更好地了解孩子。对于父母来说，对着孩子哭闹吼叫都是没有用处的，因为青春期的孩子非常敏感，所以，父母只有从心理学的角度来了解孩子的感受，帮助孩子解开心结，疏导孩子的情绪，才能循序渐进地改变孩子。尤其是要帮助孩子转移兴趣，这样孩子才能从网络成瘾的迷途中走出来，健康成长。

不管孩子出现什么问题，都与他所生存的家庭环境密切相关，也与始终陪伴他们的父母有密切的关系。作为父母，不要总是指责孩子。当孩子出现问题的时候，父母要做到“雪中送炭”，哪怕做不到“雪中送炭”也不要对孩子“落井下石”。父母的信任、理解、尊重和爱是帮助孩子戒掉网瘾最重要的因素。

第七章

海阔凭鱼跃，天高任鸟飞

在很多家庭里，父母喜欢为孩子做好一切事情，凡事都为孩子包办。殊不知，这样只会使孩子成长的天地越来越狭窄，尤其是在父母无微不至的照顾之下，孩子各方面能力的发展都会受到限制和阻碍，这使得他们的成长状态越来越糟糕。很多优秀的孩子从小就被散养，父母会给予他们极大的自由成长空间，让他们发挥自身的各种能力，也会给予他们很多的机会去参与实践。在这样的状态下，孩子的内心会越来越强大，他们各方面的能力也会不断提升。

凡事不“包办”，孩子更快成长

众所周知，人都是有感情的，人本能地就会产生喜怒哀乐等各种各样的情绪。在自然界里，人作为万物的灵长，感情强烈而又复杂，而且会因为外界人和事的变化而呈现出很复杂的变化。对于人类而言，有很多基本的感情，诸如爱情、友情、亲情等都属于人类最基本的感情。在这些感情之中，亲情又显得非常特殊，因为爱情和友情没有血缘关系作为基础，而亲情一定是有血缘关系为基础才存在的。所以，亲情是与众不同的。

在这个世界上，最为亲近的亲情关系是父母和孩子的关系。母亲经历了十月怀胎的辛苦才生下了孩子。父母在看到孩子的那一刻，恨不得为孩子倾尽所有，哪怕为孩子付出生命的代价也在所不惜。只要是对孩子好的事情，他们都会拼尽全力去做。父母最大的愿望就是希望孩子拥有美好的人生，希望孩子拥有无限璀璨的未来。然而，现代社会生存的压力越来越大，职场上的竞争日益激烈，所以很多父母一边承受着沉重的工作压力，一边对孩子寄予殷切的期望。

在这样的心态之下，父母陷入了一个误区，他们觉得自己为孩子付出得越多，孩子就能够快速成长，也能够变得更加优秀。实际上，心理学家经过研究发现，父母对孩子所付出的爱与孩子将来的成就，以及孩子未来会拥有怎样的生活，并不能呈现正比例的关系。也就是说，父母若是非常疼爱孩子，反而会让孩子各方面的能力低下，也会使孩子的未来不尽如人意。反之，如果父母爱孩子，却并不替孩子包办一切，而是给予孩子各种机会亲身实践，让孩子有一个锻炼的过程，逐渐提升各方面的能力，那么孩子就能够“穷人的孩子早当家”，更早地走向独立和自主。

在很多家庭里，孩子就是不折不扣的小皇帝、小公主。他们不管有什么愿望，父母都会第一时间帮他们实现；他们不管有什么需求，父母都会想方设法地满足他们。对于父母而言，孩子就是他们生活的唯一，也是他们的软肋。然而父母之爱子，则要为孩子计深远、谋远虑。对于孩子，父母要避免走入两个极端。第一个极端就是非常溺爱孩子，对孩子骄纵宠溺，听之任之。这种父母属于纵容型父母。另一种父母与纵容型父母截然相反，他们对孩子寄予了殷切的期望，对孩子总是严加管教，不给孩子任何自由，导致孩子唯唯诺诺，总是听到父母的指令才去做事情。我们把这种父母称之为管教型父母。

不管是纵容型父母还是管教型父母，都属于包办型父母，只不过纵容型父母对孩子采取来者不拒的方式，彻底包办孩子的一切需要。管教型父母虽然看起来对孩子的管教很严格，实际上他们对孩子包办的范围更广，他们甚至把孩子对于自身成长的很多需求也都包办了，使孩子根本没有权力进行选择，更没有权力独立思考。在管教型父母无微不至的安排下，孩子们按部就班地完成着自己的人生，有朝一日，当父母终于老去，他们甚至都没有能力独立地思考或者做出选择。这种管教型父母，实际上对孩子的伤害是巨大的。

作为父母一定要明确一件事情，那就是父母不管多么爱孩子，都不可能始终陪伴在孩子的身边，更不可能包办孩子的一生。终有一日，当父母老去，孩子不得不独立面对生活，还有可能要承担照顾父母的重任，如果在此之前，孩子什么也不会做，而是在父母的安排下一直顺遂如意，他们怎么可能有能力去赡养父母、去主宰自己的人生呢？到这个时候，父母面对什么都不会做的孩子，就会追悔莫及。

古人云，“授人以鱼，不如授人以渔”。实际上，这个道理同样适用于父母教育孩子上。父母与其硬塞给孩子很多东西，还不如教会孩子如何去获取这些东西。就像走路，父母是不可能代替孩子去走的，只能教会孩子走路。其实人生何尝不是一条漫长的道路呢？如果父母总是背着、抱着孩子去走，那么等到父母背不动也抱不动孩子的时候，孩子就不会自己往前走了，这对孩子而言肯定是非常残忍的，也会让孩子陷入绝望之中。

作为家里的三代独苗，小鹏从小就是家里不折不扣的“小皇帝”，在家里有着至高无上的地位。小鹏的家境非常优渥，父母都是高级工程师，小鹏的爷爷奶奶是老师，姥姥姥爷也都是公务员，他们把所有的希望和爱都投入小鹏身上，渐渐地养成了小鹏骄纵无度、任性自私的性格。

有一天，小鹏在学校里看到有个同学用从美国带回来的铅笔盒，回到家里就吵闹着要求妈妈也给他买一个一模一样的铅笔盒。妈妈感到很为难，说：“人家的铅笔盒是从美国买的，我们现在人又不在美国，怎么可能第一时间就买到呢？你要耐心地等待，等到爸爸去美国出差的时候，也给你买一个这样铅笔盒，好不好？”小鹏当即号啕大哭起来，说：“不嘛，不嘛，我就要这样的铅笔盒！我都已经跟同学夸下海口了，说我下个星期就会带一个同样的铅笔盒去学校，你这不是让我丢脸嘛！”小鹏一直为这件事情跟妈妈闹别扭，后来爷爷知道了，就托美国的朋友买了一个铅笔盒快递回来。

小鹏在家里总是这样，想要什么东西就要马上得到，想吃什么东西就要马上吃到嘴里，哪怕他想摘天上的星星和月亮，只要家里人能够做到，也会满足他。渐渐地，小鹏的脾气越来越糟糕，甚至不愿意自主学习。妈妈苦口婆心地对小鹏说："虽然我们拼尽全力为你创造最好的条件，但是学习的事只能你自己来，我们都没有办法代替你。"小鹏不以为然地说："我还不如不上学呢！上学有什么用？只要有你和爸爸、爷爷奶奶和姥姥姥爷，我就会过得比所有人都好！"听到小鹏说出这样的话，妈妈这才意识到问题的严重性，当即召开家庭会议，要求全家人都不能再对小鹏言听计从。妈妈说："我们终究会老去，不可能永远照顾小鹏，如果小鹏产生了这样的想法，觉得依靠我们就能过最好的生活，那么他只会放弃学习，放弃成长。"爷爷奶奶和姥姥姥爷虽然很疼爱小鹏，但是听到妈妈说得这么严重，也都表示会配合妈妈。

在上述事例中，幸好妈妈还是非常敏感的，她在听到小鹏说出的话之后，意识到小鹏的思想已经偏轨，所以当即召开家庭会议，让全家人统一战线，以便帮助小鹏更好地面对成长。

在现实生活中，有很多父母也一直包办孩子的所有事情，但是他们没有意识到这样的包办会对孩子造成怎样的负面影响。实际上，孩子终究要靠自己才能走完人生的道路，父母在孩子小时候可以更多地照顾孩子，也可以抱着或者背着孩子往前走，但是随着孩子成长，父母一定要学会渐渐放手。正如一位名人所说的："所谓父母子女一场，就是父母看着孩子的身影渐行渐远。"这样的话听起来有些伤感，实际上，这也正意味着孩子在成长，意味着孩子可以脱离父母的照顾，去独立走完自己的人生之路。

在家庭生活中，父母要让孩子做一些力所能及的事，对于那些简单的家务，要给孩子机会去亲身实践。如今，很多孩子都不知道父母的辛苦，也不珍惜父母的劳动成果。父母花费了很长时间才把家里收拾干净，他们却可以在很短的时间内就把家里弄得乱七八糟，这是因为他们不曾亲自做家务，不知道做家务有多么累。只有从点点滴滴的小事做起，让孩子认识到父母的付出，也让孩子知道生活的艰难，他们才能意识到自己必须足够强，才能自立，才能拥有属于自己的生活。

朋友，陪伴孩子的一生

人是社会群体中的一员。一个人如果脱离了社会、脱离了人群，孤独地生活，将会产生非常严重的后果。1920年，在印度加尔各答西南的小城中发现了一对儿狼孩儿。这对狼孩儿都是女孩，大的七八岁，小的才一岁多。在她们被解救进入人类社会之后，虽然人们给予了她们精心的照顾，但是大的女孩大约10年之后死去了，小女孩才仅仅活了不到1年就死去了。有心理学家针对狼孩儿进行研究，发现狼孩儿虽然有着人的形体和外貌，但是他们不管是生活习性还是动作都和狼一样，这是因为他们是由母狼哺育长大的，所以她们的本性接近狼的本性。

有史以来，世界上发现过好几个狼孩儿。这些狼孩儿在回归人类社会之后都不能很好地生存下来，这充分说明人在群体中生活是多么重要。认识到这一点之后，父母就应该多鼓励孩子与人交往，也要让孩子结交更多的朋友。很多父母总是担心孩子与不好的朋友交往会受到负面影响，实际上，这样的担心是多余的。只要孩子与正常的孩子交往，而不是与那些社会上的不良人员交往，那么孩子就可以从同龄人身上学会很多东西。

相比起其他动物，人的学习能力是很强的，但是人的学习并不是完全主动自发的，而是需要在适当的环境中获得学习的机会，否则人就不能够明显区别于动物。

心理学家提出，对于人类而言，获取知识的有效方法之一就是社会交往。在人与人交往的过程中，人们会学习对方的言行举止，也会了解社会上的很多规则，养成良好的习惯，并且知道哪种行为表现更受人欢迎，哪种行为表现会遭到他人的否定和批判。对于孩子来说，父母即使抽出很多时间，很用心地陪伴孩子，也不可能代替同龄人在孩子成长过程中的重要作用，因为只有同龄人才能够给予孩子更好的刺激，也才能够在与孩子互动的过程中陪伴孩子共同成长。

在人际交往中，孩子会了解社会上不同角色的人应该有什么样的身份、做出什么样的言行举止。例如，他们会观察妈妈的行为举止是什么样的，老师的行为举止是什么样的，校长的行为举止是什么样的。反过来，如果孩子从小就生活在一个闭塞的环境中，从来没有跟其他人相处过，他们就不会获得这些信息，也就不会对这些社会角色有深刻的了解。如今有一些儿童游乐等场所会为儿童提供角色扮演的游戏，这对于孩子来说也是非常重要的。

孩子为何需要结交朋友呢?

首先，孩子需要同龄人的影响。对孩子而言，同龄人的陪伴是很重要的。心理学家经过研究发现，在孩子所接触的人中，同龄人对孩子的影响明显高于其他人。尤其是青少年有很强的从众心理，他们渴望得到团体的认同。前文说过，青少年正处于心理断乳期，他们想要摆脱父母的照顾，不再依赖父母而独立生存，所以他们更希望能够得到同龄人的认可。有研究者调查发现，至少七成以上的青少年在遇到难题或者感到烦恼的时候，都不会第一时间把自己的心事告诉父母，而是会和同龄人商量，甚至会与同龄人一起做出一些重大的决定。这里所谓的同龄人，既包括青少年的同学、朋友，也包括青少年的网友等。对于父母来说，青少年有同龄人的陪伴当然是好事，但是需要注意的是，如果青少年遇到重大问题也和同龄人商量，那么就有可能做出不明智的决定，因为同龄人和青少年一样都缺少社会生活的经验、都缺少成熟的心智，所以在必要的情况下，父母还是要给予青少年明确的指导和有效的帮助。

人是有圈层的，对于青少年来说，他们交往的同龄群体也有自己的文化和规则。很多父母都会发现青少年在和同龄人相处的时候说出的很多词语都让父母听不懂，这是因为他们有自己流行的习惯用语。在与同龄人相处的过程中，青少年也会不断地观察和学习，从而让自己与优秀的同龄人更加接近，也使自己各个方面的能力都得以提升。

其次，青少年需要朋友。父母要培养青少年的交往能力。现代社会中社交能力已经上升到非常高的高度，关系到一个人的发展和成长。父母要想培养青少年的社交能力，就不能把青少年局限在家庭这样的单一环境中，而是要鼓励青少年走出家庭，在学校生活里与更多的人相处和交往，也可以与很多社会上的人进行交往。具体来说，父母既可以在家里来客人的时候，让青少年负责招待客人，也可以建议青少年参加一些大型的集体活动，还可以在青少年遇到人际交往困惑时，给予青少年一些有效的指导。如果父母坚持这么做，青少年的社交能力就会大大提高。需要注意的是，父母要非常尊重青少年的朋友，而不要小瞧青少年的朋友，否则就会挫伤青少年与朋友交往的积极性。

最后，青少年需要社会化。每个人都是社会的一员，每个人都要具有社会的属性。青少年实现社会化的过程是一个漫长而又充满艰辛的过程。在这个过程中，青少年要学会社会规则，也要能够积极主动地适应社会规则。众所周知，人类的很多行为习惯都带有明显的个性特征，但是为了符合社会的需要，人的很多行为习惯也要获得统一。虽然人在漫长的一生中一直在进行社会化，但是对于整个人生而言，从出生到青少年时期，是社会化的关键时期。在这个时期，孩子的身心都快速发展，而且学会了很多的社会规则。如果孩子能够在青春期结束的时候成为合格的社会人，那么就意味着他们在长大成人进入社会之后，各方面的发展都会相对顺利。反之，如果孩子不能在青春期结束的时候成为合格的社会人，那么就意味着他们进入社会之后的发展并不会顺利，会磕磕绊绊地遇到很多难题。所以，父母要抓住青春期对青少年进行培养和教育，这对于孩子以后的成长是一劳永逸的好事情。

正如前文所说的，狼孩儿从小就和狼生活在一起，认狼为自己的母亲，所以他们的生活习性和狼是一模一样的，再把他们带入人类社会，对他们进行驯化之后，他们并不能很好地适应社会的生活。也曾经有成年人在深山老林里独自生活很多年，等到回归人类社会之后，他们很快就能适应社会的规则，也能够进行一些基本的劳动。这充分说明在青少年时期结束之前，孩子能否掌握生存技能和适应社会规则，对于孩子的一生都有着非常重要的影响。父母不要寄希望于等到孩子成年之后，再教会孩子很多的规矩，恐怕为时已晚。所谓“没有规矩不成方圆”，对于孩子而言，越早地接受社会规则的训练，越早地强化自己的社会属性，就能够更好地适应社会，也才能够在社会生活中如鱼得水。

培养财商，孩子受益一生

记得歌曲《我要去桂林》里唱道，年轻的时候想去桂林却没有钱，有钱的时候想去桂林却没有时间。其实对于生活而言，尤其是在城市中生活，钱非常重要。虽然钱不是万能的，但是没有钱是万万不能的；虽然钱是万恶之源，但是钱也是万善之本。很多人要想做一些好事或者帮助他人，就必须有精力和财力作为支撑，尤其是财力，更是帮助他人必须具备的一个条件。对于青少年来说，他们逐渐成长，从小时候不管需要什么都由爸爸妈妈为他们准备好，到现在他们也许有一些非常需要的东西想要自己购买，却得不到爸爸妈妈的同意。有些青少年自己有钱，所以他们可以自行购买，但是有一些青少年并没有那么多零花钱，就只能跟爸爸妈妈要。

在现代社会中大多数父母等到孩子渐渐长大之后，都会给予孩子一定的零用钱。对于青春期的孩子而言，钱就像是一把“双刃剑”，一则他们可以用钱来做很多想做的事，买想要的东西；二则一旦对钱使用不当，他们就会陷入欲望的深渊，他们或者会购买一些奢侈品，或者沉迷于网吧，甚至和同学一起去 KTV 唱歌、买醉。还有一些孩子甚至会走上赌博、吸毒的歧途。染上恶习对于孩子的一生都是非常严重的伤害。作为父母，如何才能帮助孩子正确地树立金钱观，也让孩子学会理财呢？

也许有些父母觉得教会孩子正确对待金钱，不一定要教会孩子理财。实际上，钱是一种资源，如果孩子能够学会理财，形成正确的理财观念，他们对于金钱的使用就会更加慎重，也更加理性。反过来，理性使用金钱也会促使他们远离那些不正当的事情，可谓一举两得。

要想培养孩子的财商，就要从以下几个方面做起。

第一点，要教会孩子学会使用钱。很多父母都抱怨，如今的孩子并不能理解和体谅父母的辛苦，对于父母辛辛苦苦赚来的钱，他们总是轻而易举地就花了出去，而且花钱大手大脚，丝毫也不知道心疼。很多父母对于孩子的花钱方式无法接受，尤其是青春期的孩子，他们社交的范围越来越广，花钱的地方也越来越多，如果对消费不加以收敛和节制的话，就会渐渐变成金钱的奴隶。那么，父母要完全限制孩子花钱吗？当然不是。孩子是社会人，钱是社会上流通的货币，孩子只有学会使用钱，才能发展他们的社会属性，也才能成为金钱的主人。所以当着孩子的面，父母不要忌讳谈起钱，而是要教会孩子正确地支配和使用金钱，这对于培养孩子的财商是非常有好处的。

在面对金钱的时候，很多父母都陷入一个误区，觉得用钱来表达对孩子的爱是最为恰当的，他们因为忙于工作或者做生意，会给孩子很多钱，让孩子自由支配。殊不知，孩子自制力有限，如果有朝一日孩子变成了金钱的奴隶，总是拿着金钱做很多糟糕的事情，那么父母就会追悔莫及。与这样的父母恰恰相反，有些父母认为钱是万恶之源，所以他们坚决不允许孩子手里有钱。哪怕春节的时候，孩子收到了一些压岁钱，父母也会把孩子的钱都收拢起来，避免孩子乱花钱。实际上，这样的限制方式，对于培养孩子的财商是极其不利的。试问，如果孩子根本没有机会接触钱，他们又如何能够学会花钱，进而形成正确的金钱消费观念呢？

现代社会，钱的确是生活的保障。如果不能很好地利用钱，人就会变成钱的奴隶。青春期的孩子自控力很差，随着人际交往越来越广泛，他们的用钱需求也会随之增加。有些孩子还非常虚荣，喜欢攀比，当看到同学穿着名牌的衣服，用着名牌的书包时，他们也会想要这些东西。在这种情况下，父母要引导孩子学会艰苦朴素。

很多时候，父母的花钱习惯也会影响孩子。有些父母本身花钱就大手大脚，家里经常过着发工资之后，前半月非常富裕、后半月就捉襟见肘的生活，这样毫无规划地消费会给孩子造成很恶劣的影响。父母要为孩子树立正确的金钱观念，培养孩子的经济头脑，让孩子形成理财意识，这样的教育越早进行，对于孩子的积极影响作用就越是强大。

第二点，在孩子学会使用金钱之后，父母要对孩子采取正确的策略，才能帮助孩子树立正确的金钱意识。很多父母不管孩子如何花钱，他们总是给孩子很多的钱，让孩子随便怎么花都行。而当孩子对金钱的欲望越来越强时，父母发现孩子成为金钱的奴隶，又会限制孩子花钱。这种先松后紧的做法会让孩子极不适应。古人云，“由俭入奢易，由奢入俭难”。对孩子来说也是如此。总体来说，父母要想培养孩子的财商，就要坚持先管后放的策略。所谓先管后放，就是在金钱方面先对孩子严格管控，因为对于年幼的孩子来说，他们对于金钱的理解还是很肤浅的，不能够合理地使用金钱。在这种情况下，父母就要对孩子严格管理，引导孩子如何正确使用金钱，那么孩子就会渐渐形成理财的意识。等到青春期之后，孩子渴望着独立，父母就可以对孩子采取更为放松的策略。例如，给孩子一定的零花钱，由孩子任意支配。又如，对于孩子收到的大额压岁钱等，可以指导孩子购买理财产品，这样一来，孩子就会渐渐意识到，金钱不仅仅是用来消费的，也是用来以财生财的。渐渐地，孩子也许不用父母督促就会合理规划金钱，也会用自己的钱去购买一些理财产品，初尝理财的甜头。

当然，孩子的表现不可能马上就让父母满意。在和孩子约定如何花钱的时候，父母可以和孩子约法三章，制定一些消费的规则。如果孩子把钱花在了不该花的地方，父母也不要太过于严厉批评孩子，这是因为孩子的成长需要一个过程。对孩子初次犯错，父母可以采取宽容的态度，如果屡教不改，重复犯错，父母可以对孩子采取一定的惩罚措施，让孩子加深对于错误的理解，吸取教训，从而避免再次犯错。

第三点，要循序渐进地教会孩子如何理财。很多父母都非常心急，不管教孩子什么技能或者是对孩子提出什么要求，他们都希望孩子第一时间就能达到和实现。实际上，孩子的成长是一个漫长的过程，要遵循一定的规律。如果父母总是苛求孩子一步到位或者一蹴而就获得成功，这是根本不可能实现的，反而会给孩子巨大的压力。那么，在培养孩子的理财观念时，父母也要坚持循序渐进的原则，要对孩子有足够的耐心。

父母还可以引导孩子制订消费计划，例如每个月的零花钱可以分成几个部分，每个部分都分别用来做什么。这样一来，孩子学会了管理小钱，管理大钱也就水到渠成了。

在循序渐进地引导孩子制订消费计划的时候，父母还需要注意的是，要告诉孩子量入为出的道理。如今的社会，很多年轻人都形成了提前消费的观念，他们会借助于贷款购买各种各样的东西，无形中给孩子造成了负面的影响。在很多大学校园里，校园借贷的现象非常严重，有些孩子不知不觉进了校园借贷的黑洞，由此变得非常被动，甚至给家庭带来了很大的灾难。父母要想防患于未然，就要警钟长鸣，时刻绷紧金钱消费的这根弦，引导孩子量入为出地进行消费。

第四点，要把握好给孩子金钱的尺度。孩子毕竟还在父母的照顾下生活，他们主要的任务是学习，并不需要自己去挣钱养家糊口。父母要想培养孩子的理财能力，无须给孩子太多的零花钱去让孩子自主管理。很多孩子每年都会有压岁钱，平日里每个月或者每周也会有零花钱。理财只是一种意识和观念，所以不管给孩子多少钱，只要他们形成了理财的观念，树立了理财的意识，就能够利用这些钱合理安排消费。

在给孩子钱的时候，父母要遵循少量多次的原则，很多父母会每个月给孩子一次零花钱。对于那些自制力差的孩子，父母也可采取每周给孩子零花钱的方式，这样就能缩短给零花钱的时间，帮助孩子根据规划来花钱。如果一下子把一年的零花钱都给了孩子，那么孩子突然之间就像拥有了巨款，根本无法支配这笔钱来支撑一年的消费。所以即使父母给了孩子一年的零花钱，孩子也有可能在一个月或者一周的时间内就把这些钱花完，接下来的时间里，他们就没有钱可花，但是他们还是有消费需求的，因而他们就会继续向父母要钱，让父母非常被动，也不利于培养孩子的理财意识。

每一个社会人都要跟钱打交道，所以父母不要避讳在孩子面前提起金钱。金钱既是生活的工具，也是消费的尺度。对于孩子来说，学会如何消费是非常重要的。父母越早对孩子进行理财教育，孩子越是能够成为金钱的主人。当孩子胡乱消费或者挥霍金钱的时候，父母也可以对孩子采取一定的惩罚措施，让孩子有所收敛，以增强他们的理财意识。

有的时候，要鼓励孩子“不听话”

一直以来，很多父母都以孩子非常听话为骄傲。父母在一起交谈的时候，他们会自豪地说起自家的孩子非常听话，对父母言听计从。那么，孩子非常听话真是一件好事吗？从孩子个性独立的角度来看，孩子过于听话并不是一件好事。明智的父母会在孩子成长到一定阶段的时候，鼓励孩子有自己的想法，鼓励孩子“不听话”。如果孩子具有自主的能力，那么父母会由衷地为他们感到高兴。

对于孩子而言，什么才是他们真正成熟和独立的标志呢？有些父母觉得孩子长高了，这意味着他们在身形上越来越接近成年人，各方面的能力也会增强；也有的父母觉得孩子应该具有赚钱的能力，才算是真正地走向独立；还有的父母觉得孩子能够独自外出，这意味着他们可以独自去做很多事情。实际上，不管父母认为孩子真正成熟和独立的标志是什么，一切成熟和独立的人都有一个特点，那就是他们在面对很多重大的抉择时能够独立决断。即使他们听到了别人提出的不同意见，也能够在慎重思考之后坚持自己的想法；哪怕是平日里把他们照顾得无微不至的父母对他们提出了不同的意见，他们也不会“听话”，这就意味着孩子真正摆脱了对父母的依赖，开始走向独立。

关于一个人能否独立自主，曾经有哲学家提出这样一个假设：假设有一头驴子站在两堆干草之间，这两堆干草从外形上来看是一模一样的，而且与驴子的距离也是一样的。如果驴子没有主见，那么它就会始终站在两堆干草之间犹豫不决；如果驴子不能自主地做出选择，它最终也许会被饿死在两堆干草之间。当然这个事例是非常极端的。现实生活中，很少有驴子会这样把自己活活地饿死，因为驴子会凭着本能快速地做出决定，奔向其中的一堆干草。事实上，很多孩子就像站在这两堆干草之间的驴子，面对同样的诱惑，他们不知道应该做出怎样的选择。那么，孩子为何会这样呢？主要是因为在现实生活中，他们已经习惯于听从父母的安排，不管父母说什么，他们都对父母言听计从。所以在面对选择的时候，他们根本不知道自己应该如何选择，就只能在进退两难的境地里僵持着。

在小时候，孩子们缺乏独立判断的能力，也不能够自主地做出决定。在青春期这个阶段，父母要给予孩子们引导和帮助。随着孩子不断地成长，进入青春期之后，孩子的独立性和自主能力都有所增强，尤其是他们的判断力也不断提高，在这样的情况下，如果依然要求孩子凡事都听从父母的，那么就会阻碍孩子自主能力的发展。举个简单的例子：在生活中，每个人都会遇到各种各样的事情，也会面临很多的选择。有人说，人生就是由不同的选择构成的，那么对于孩子们来说，在面对选择的时候，能否当机立断地做出决定，这是很重要的，这也标志着他们成长和成熟的程度。

周五晚上回到家里，佳佳很为难地对妈妈说："妈妈，学校里在组织捐款，因为有一个地方发生地震了，所以我们每个人都要捐款。"听到佳佳的话，妈妈问佳佳："那么你想如何做呢？"佳佳摇摇头说："我不知道应该如何做，你说怎么做我就怎么做。"看到佳佳一如既往地听话，妈妈并不感到开心，反而忧愁地叹了口气。她对佳佳说："佳佳，现在你已经长大了，对很多事情都能够自己做出决定，不要凡事都听爸爸妈妈的。因为爸爸妈妈有时说的未必全对，另外爸爸妈妈总会老去，不可能永远陪伴在你的身边，所以你要学会自己做决定，才能够把很多事情都做好，明白吗？”

在妈妈的一番引导之下，佳佳犹豫地说：“那么，我想把我的压岁钱捐出去。”妈妈继续追问：“佳佳，你是想捐出去所有的压岁钱，还是想捐出一部分呢？”佳佳又犯了难，她说：“我既想捐出所有压岁钱，因为灾区的小朋友真的非常可怜，但是我又有些舍不得，我还想用压岁钱买一些书呢。”看到佳佳犹豫不决、进退两难的样子，妈妈对佳佳说：“这件事情你自己来决定好吗？如果你想捐出所有压岁钱，那么爸爸妈妈可以给你买你想要的书；如果你想捐出一部分压岁钱，那么我们也是尊重你的意见的。”经过一晚上的思考，第二天早晨，佳佳拿上一部分压岁钱去了学校，交给了老师捐给灾区的小朋友。对于佳佳能自主地做出决定，妈妈感到非常欣慰。

这个事例中，佳佳妈妈是在鼓励佳佳要有自己的想法。也许小时候，佳佳妈妈曾经为佳佳对父母的言听计从而感到骄傲和自豪，但是随着佳佳进入青春期，还是凡事都听父母的话，没有自己的想法，佳佳妈妈未免感到焦虑。佳佳妈妈是一个非常明智理性的人，她能意识到佳佳过于听话不是好事，就为佳佳做出改变做了铺垫。遗憾的是，现实生活中有很多父母虽然看到孩子总是对自己言听计从，但是他们并没有意识到这对孩子来说有什么不好，反而很高兴孩子能够凡事都听父母的。只有明智的父母才会反思孩子的成长，才会反思自身的教育方式是否正确，从而用更为合理的方式来教育孩子。

具体而言，要想培养孩子“不听话”，让孩子能够独立自主，要做到以下几点。

首先，当遇到一些小事情的时候，可以根据孩子的能力，给孩子独立自主做决定的机会。例如，有些孩子很小的时候就可以决定自己吃什么、穿什么，随着渐渐长大，进入青春期，他们能自己决定的事情也就越来越多，例如运动会上报名参加什么项目，暑假要参加哪一门课程的培训等。毕竟孩子对于自己的学习情况才是最了解的，所以父母要尊重孩子的意见。在家庭生活中，当有事情需要决定的时候，父母也要积极地邀请孩子发表意见，如果孩子说得有道理，父母就要采纳孩子的意见，这对于培养孩子的自信和提升孩子的自主意识很重要。

其次，当征求孩子意见的时候，父母不要直接要求孩子给出意见，而是可以为孩子分析不同决定的利弊，从而让孩子自己思考并做出决定。很多父母已经习惯了在孩子提出任何问题的时候，第一时间代替孩子做出选择，殊不知，这对于培养孩子的独立自主性是极其不利的。让孩子自己做决定，哪怕是非常小的一件事情，也能够让孩子获得成就感。作为父母，在给孩子建议的时候，也要尊重孩子的主观意愿，尊重孩子的兴趣。父母要知道，自己越是对孩子管束得多，越是经常干涉孩子，强迫孩子必须服从自己的意志，那么对于培养孩子独立自主的个性就会越困难，孩子的潜力就越无法得到发挥。没有父母愿意自己的孩子长大之后唯唯诺诺，缺乏独立性。不管是什么事情，只要是孩子能独立自主的，就要给孩子锻炼的机会。也许孩子在独立做出决定之后会碰壁，会遭到失败，遇到这种情况，父母不要挖苦讽刺孩子，而是要鼓励孩子，这样孩子才能够鼓起勇气继续前行。

再次，要给孩子选择的自由。很多父母已经习惯了小时候对孩子无微不至的照顾，所以即使孩子已经长大了，他们依然不愿意给孩子自由选择的权利。面对父母这样的决定，孩子往往无法抗拒。例如，早晨的时候父母会把睡眼惺忪的孩子从床上拉起来，然后把自己认为漂亮的一套衣服套在孩子的身上。此刻，父母是否问过孩子是否喜欢这套衣服呢？实际上，几岁的孩子就会有自己的喜好，他们能选出自己每天想要穿的衣服。如果父母能够在小事上尊重孩子，给孩子选择的自由，随着孩子不断地成长，在面对大事的时候，孩子也会坚持自己选择的自由。如果担心孩子对于一些事情还不具备独立自主的能力，那么父母可以给孩子有限的选择，例如给孩子几个选项，让孩子去选择。这样一来，既可以避免孩子的选择超出父母的预期，也可以让孩子在几个选项之中进行权衡，这远远比只给孩子一个固定的选项更好。

最后，鼓励孩子承担选择的后果。有一点是毋庸置疑的，那就是没有任何人可以保证自己的选择永远是最正确的选择，也不能保证自己的选择能够得到最好的结果。孩子也是如此。当孩子在坚持做出某种选择的时候，如果父母不赞同孩子的选择，但是这个选择不会对孩子造成无法挽回的伤害，那么父母就应该尊重孩子的选择。即使孩子因为自己的选择遭遇了失败，父母在看到孩子敢于承担责任的时候，既不要心疼孩子，也不要代替孩子承担责任。这对孩子来说是一种难能可贵的成长。

如果父母在孩子还没有选择的时候就阻止孩子，那么，孩子就永远也不会知道他们的选择会有怎样的后果。当下一次面临选择的时候，他们很有可能还会做出同样的选择。所以让孩子接受失败的教训，承担一些后果，对于帮助孩子分析选项并做出明智的选择是大有裨益的。

作为父母，不要以教养出一个听话的孩子为终极的教育目标。明智的父母知道，孩子一定要学会“不听话”，才能够越来越独立、越来越有主见，才能真正成长为生活的强者。

第八章

宽严并济，让孩子明白行为边界

一个不明白行为边界的孩子是非常可怕的！尤其是对于青少年而言，他们已经在体型上接近成年人，但在心智上还没有成熟。如果他们没有行为的边界，那么他们就会以成年人的力量做出无底线的恶劣行为，这既会给身边的人带来很大的伤害，也会给他们的人生带来毁灭性的打击。在很多关于校园霸凌的影视剧中，都向我们昭示了这个道理。例如，前段时间热播的电影《少年的你》，就反映了校园霸凌现象。在影片中，那些青春美丽的女孩肆意欺辱同学，导致了非常恶劣的后果。最终，受害者失去了宝贵的生命，施暴者也因此锒铛入狱。作为父母，在教育青少年的过程中，一定要对孩子宽严并济，让孩子明白行为的边界在哪里，这样孩子才能知道自己有哪些事情是绝对不能做的，从而更好地约束和管制自己。

没有规矩，不成方圆

人们常说，“没有规矩，不成方圆”。然而，在教育孩子的过程中，能够真正坚持以此为原则来对孩子开展家庭教育的父母却少之又少。很多父母当发现孩子犯的错并不大的时候，不以为然，或者哈哈一笑，甚至有些父母还会对孩子采取放任的态度，使孩子认为他们的行为并没有其他人评价得那么恶劣。这样错误的认知会使孩子的行为越来越过分，不但会给自己带来很严重的后果，也会给身边的人造成伤害。

从前有一个孩子从小就喜欢偷偷摸摸。当他第一次从邻居家偷了一根针回家的时候，母亲非但没有责怪他，反而夸赞他做得好。后来在母亲的鼓励下，他越来越喜欢偷东西，从偷一根针到偷窃各种贵重的东西，最终因为偷窃而锒铛入狱，被判处了严厉的刑罚。在母亲去探望他的时候，他找借口靠近母亲时居然狠狠地咬了母亲一口。他对母亲说：“正是你让我有了今天。”由此可见，父母对孩子的教育真的是影响深远。当孩子做出错误的行为时，父母一定要及时地为孩子指出来，千万不要纵容孩子，否则就会使孩子在错误的道路上越走越远，甚至可能触犯法律。

趁着国庆节长假，爸爸妈妈带着丽丽去外地游玩。在一个风景秀丽的景区，丽丽在门口的摊位上看到了一条非常精致的手链。这条手链是用贝壳串成的，丽丽家里已经有很多类似的手链了，虽然丽丽很喜欢这条手链，但是爸爸妈妈并没有同意为丽丽购买。丽丽在手链的摊位旁流连忘返，后来居然趁着摊主忙着为其他顾客提供服务的时候，悄悄地把手链装到了自己的口袋里。

在景区游玩结束后，爸爸妈妈和丽丽一起坐上了回程的汽车。在汽车行驶到半路的时候，丽丽拿出手链把玩起来，爸爸妈妈看到手链非常惊讶。经过一番盘问，他们得知这条手链是丽丽从摊主那里偷来的，爸爸当即对丽丽进行了严肃的批评教育，并且要求丽丽回到景区，把手链还给摊主，并向摊主道歉。妈妈却采取和稀泥的态度，说："咱们已经走了这么远了，如果现在返回去，摊主很有可能收摊了。而且咱们还可能没有车赶回酒店，可怎么办呢？人生地不熟的！"爸爸态度坚决地对妈妈说："如果你今天容忍她偷窃一条手链，那么将来她就会偷窃更贵重的东西。你要是不想毁掉丽丽，就按照我说的去做。"

在爸爸的坚持下，全家人当即下了汽车，又花了很高的价钱雇了一辆车，赶往景区。他们终于赶在景区关门之前找到了那个摊主，把手链还给了摊主，并让丽丽郑重其事地向摊主道了歉。当天晚上，因为没有汽车回酒店，他们只能在山脚下一家农家乐里找了非常简陋的一个房间，度过了一个难忘的夜晚。经历了这次事件之后，丽丽不管多么喜欢一件东西，都不会采取不正当的手段将其据为己有，她始终牢记着爸爸的教诲。

偷窃行为的本质，并不是因为东西价值的大小而发生改变，哪怕只偷一根针，对于孩子来说，只要迈出了这一步，那么他们的行为边界就会被打破。在这个事例中，丽丽爸爸之所以要求丽丽必须回到摊主那里，把手链还给摊主，而且要郑重其事地向摊主道歉，就是在为丽丽确立行为边界。相信有了这次的教训之后，丽丽再也不会做这种偷偷摸摸的事情了，而且面对自己想要却不能得到的东西，她也会控制自己的欲望，不会任由欲望把自己湮没。

为孩子订立规矩，一定要坚持原则。只有在规矩中成长，孩子才能健康快乐。

首先，父母要为孩子制定家规。所谓家规，就是家庭的规矩。然而，很多父母在制定家规的时候都犯了一个错误，那就是“只许州官放火，不许百姓点灯”。他们制定的家规只针对孩子起作用，对自己并没有约束力，这会使孩子觉得非常不公平。要想让家规起到应有的作用，父母就要身为表率，积极地遵守家规，为孩子树立榜样。例如，有些父母要求孩子晚上十点钟就要熄灯睡觉，但是父母会一直玩游戏或者看电视到十一二点。试问一下，在这种情况下，孩子怎么可能踏踏实实地睡觉呢？又如，有些父母要求孩子每天都要吃水果，但是父母本身并不喜欢吃水果，所以即使父母再三告诉孩子吃水果有益身体健康，孩子也不愿意吃水果。既然是家规，就对所有家庭成员都适用。所以在制定家规的时候，父母不要只考虑到需要孩子遵守，也要考虑到自身应该率先遵守；在制定家规的时候，也不要只针对孩子，而是应该适用于全家人。

其次，在家以外的地方，父母也要要求孩子遵守行为规范。如今社会上有很多人因为不遵守行为规范、不遵守社会秩序、不遵守道德规范，做出了很多出格的事情。例如，曾经有人在野生动物园里随便下车，结果遭到老虎的攻击，不但失去了自己的母亲，还连累了老虎被击毙。又如，有人为了逃动物园的门票，翻越围墙进入动物园，结果不幸落入虎山中，被老虎咬死。

社会上有那么多人在一起生活，如果人人都不遵守规矩，都只从自身的利益出发去做决定，就会导致社会规则混乱、生活无序。所以，父母要从小教育孩子遵守社会规则，让孩子的言行更加符合规范，这样孩子才能在社会上更好地生存。

最后，父母要掌握批评的艺术。为孩子制定规则的过程中，孩子一开始并不能够完全遵守规则。实际上，遵守规则是一种习惯性的行为，需要花费很长的时间去养成良好的习惯。当发现孩子不遵守规则的时候，父母要掌握批评的艺术，例如告诉孩子不应该怎么做的时候，要采取委婉的方式，针对孩子不同的性格特点，要想使批评起到最好的效果，就要“因人制宜”。又如，有些孩子自尊心比较强，所谓响鼓不用重槌敲，那么当孩子犯错的时候，父母无须声色俱厉地批评孩子，而只要点拨孩子，孩子就会主动地改正错误。

在亲子关系中，批评也是一种特殊的交流形式。父母只有掌握批评的艺术，才能够让孩子虚心接受父母的批评，积极地改正错误。反之，如果父母的批评总是忠言逆耳，就会激发青春期孩子的叛逆心，那么批评只会达到事与愿违的效果。关于批评的一些原则，我们在前文已经有所提及，例如批评要区分时间和场合，批评要非常及时，不要当着他人的面批评孩子，要维护孩子的颜面，保护孩子的自尊，这些原则都是需要父母遵守的。

父母在为孩子制定规矩的时候，一定要考虑这个规矩是否合情合理，只有当父母认为自己也应该遵守这些规矩的时候，才能够更好地推行这些规矩，才能够让孩子主动地遵守这些规矩。

让孩子“撞南墙”

有些青春期的孩子最喜欢做的事情莫过于挑战父母的权威，反抗父母的决定，他们甚至会因为逆反心理而故意做出一些不好的行为。面对父母屡次三番的教育和苦口婆心的劝说，他们不愿意改正自己的错误，依旧我行我素。父母即使因此怒气冲天、歇斯底里，用尽各种惩罚的手段，也不能让孩子主动改变自己，反而会让孩子变本加厉。在这种情况下，父母已经把各种教育的方法都尝试过了，却不能取得良好的效果，那么就只剩下一个“撒手锏”可以使用了，即“让孩子撞南墙”。

那么，什么叫“让孩子撞南墙”呢？通俗地说，就是让孩子品尝自己酿造的苦果，也就是自作自受，让他们为自己的错误埋单，承担相应的责任。在成长的过程中，很多青春期的孩子并没有为自己的错误承担责任，这也是导致他们肆无忌惮犯错的原因。如果父母总是为孩子做好善后的工作，那么孩子渐渐就会觉得他们有理由放纵自己。在这种情况下，父母猝不及防地让孩子承担错误的后果，这对孩子来说将会是一个刻骨铭心的教训。“让孩子撞南墙”虽然是中国式的说法，实际上这个教育观念是在18世纪的时候由大名鼎鼎的教育家卢梭提出的。卢梭认为，在孩子犯了错误之后，父母无须人为地惩罚孩子，而应该让孩子独自承担错误的后果。这样一来，他们就会感到不快或者痛苦。以后，即使父母不督促他们改正错误，他们也会积极改正错误。这对孩子而言是一个很深刻的教训，也会让他们有非常明显的成长和进步。

所谓“撞南墙”就是自食其果，而自食其果是一种自然的惩罚办法，与父母人为惩罚孩子所产生的效果是截然不同的。自然惩罚和人为惩罚到底有什么区别呢？所谓人为惩罚，就是父母根据孩子所犯的错误引起后果的严重程度，决定如何惩罚孩子，让孩子吸取教训；所谓自然惩罚，就是父母让孩子在做出错误的行为之后，为自己的错误付出代价，自己承担责任。这一切的过程都是孩子亲身经历的，甚至不需要父母对他们进行教诲，他们就能意识到自己的一些行为是不够恰当的，从而主动自发地改正错误。相比之下，自然的惩罚对孩子的教育效果更好。

看到这里，也许有的父母会产生疑问：如何对孩子施展自然惩罚呢？其实，不一定要等到孩子犯很严重的错误，才让孩子承担责任。在日常生活中的很多情况下，都需要孩子承担责任。例如，父母辛辛苦苦把房间收拾整齐，孩子只用了几分钟就让一切都变回乱七八糟，那么父母接下来就不要再收拾房间，而是让孩子自己收拾房间。也许父母收拾房间只需要用半个小时，孩子收拾房间却需要用 3 个小时，这又有什么关系呢？与其把这 3 个小时用来给孩子捣乱，还不如把这 3 个小时用来让孩子一边收拾房间一边进行自我反省呢！相信在经过这样的实际教训之后，孩子会认识到做家务是一件非常劳累和辛苦的事情，那么他们不但不会再把房间搞得这么糟糕，还会很注意保持房间的干净卫生。这虽然只是一件小事情，却能从根本上改变孩子乱扔东西的坏习惯，也许这么做会让父母比较操心，但是这远远比父母花费半个小时重新把房间收拾好的效果更明显。

青春期孩子的负面行为不仅仅在会导致房间乱七八糟这么简单，他们甚至有可能做出一些更加糟糕的举动，引起更为严重的后果。不管是多么严重的后果，只要是孩子可以承受的，父母就不要横加干涉，也不要代替孩子去为这件事情负责任，而是要让孩子自己为这件事情负责任。这样一来，孩子既会从中得到深刻的教训，也会积极地改正错误的行为。

正在读初二的佳琪，突然有一个非常奇怪的想法，她要把自己满头的秀发剪掉，理一个很怪异的发型。其实佳琪在向妈妈描述这个发型的时候，妈妈就忍不住皱起了眉头，心里直犯嘀咕：这个发型这么怪异，学校里允许理这样的头发吗？如果把头发剪掉了，那么在短时间之内长长可是不容易啊！但是妈妈并没有把自己的担忧说出来，而是任由佳琪去做。毕竟剪短头发并不会危及佳琪的生命，也不会影响佳琪的形象。

就这样，佳琪向妈妈要了理发需要的钱，就兴致勃勃地去了理发店。两个小时后，等到佳琪回到家里的时候，看着佳琪怪异的发型，妈妈努力保持如常的表情。暑假很快就过去了，佳琪的发型却依然很怪异，妈妈对此还是默不作声。果然开学第一天，佳琪回家的时候表情沮丧。她对妈妈说："妈妈，学校不让理这种发型，这可怎么办呢？"妈妈对佳琪说："既然你的头发不能在短时期内长长，那么就只能把它剪得更短一些，让它看起来符合常规。"佳琪只好忍痛去理发店又把秀发剪短了。有了这次教训之后，佳琪再也不会心血来潮地理各种怪异的发型了。

让孩子"撞南墙"，就是让孩子为自己做出的决定埋单，为自己犯下的错误承担责任。在这个事例中，如果妈妈在佳琪提出要理一个怪异的发型时就表示反对，不允许佳琪去理怪异的发型，那么，佳琪就不知道理这样怪异的发型会有什么后果。幸好妈妈是一个非常明智的妈妈，她尽管有冲动想要告诉佳琪，也忍不住想禁止佳琪这么做，但她成功地控制住自己的冲动，没有突破作为妈妈的行为边界去对佳琪指手画脚。最终，事实给了佳琪最好的回答，相信佳琪在未来的学习生活中再也不会随心所欲地理各种怪异的发型了。

从某种意义上来说，让孩子“撞南墙”对父母而言既是一个残酷的挑战，也是一个非常严峻的考验。因为父母从孩子小时候就已经习惯了安排孩子的各种事情，已经习惯了对孩子的各种行为负责。哪怕孩子犯了错误，父母也会冲上前，代替孩子去给他人道歉，或者对他人做出各种补偿。所以，突然之间让父母对孩子放手，任由孩子撞到南墙上，这对父母来说需要极大的自控力，以抑制自己帮助孩子。这个世界上，每一位父母都是最爱孩子的人，因为有丰富的人生经验，所以父母对于孩子的很多决定都能够预期到将会产生的结果，也会忍不住想要提醒孩子，甚至会强行禁止孩子。但是，这么做非但不会得到青春期孩子的感恩和谅解，反而有可能激发青春期孩子的逆反心。要想让孩子“撞南墙”，自食其果，父母就要做到以下几点。

首先，父母要确定事情的后果是孩子可以承受的。如果一件事情会引起孩子无法承受的后果，那么父母是要坚决禁止孩子去做的。这是保护孩子，否则就是对孩子不负责任的表现。只有在确定事情的后果在孩子的能力承受范围内，父母才可以放手让孩子去尝试。比如孩子总是丢三落四，常常会丢掉文具盒或者钢笔。在这种情况下，父母可以不为孩子买新的，让孩子感受到丢掉这些必备的学习文具有多么不方便，让孩子主动地保护好这些学习文具，这样对孩子会起到很好的教育作用。父母一定要弄清楚一点，让孩子承担后果并不是对孩子彻底放手不管不顾，而是要对孩子放宽行为的边界，让孩子在可以承受的范围内承担一些后果。

其次，父母要狠心。当孩子承担后果的时候，父母要态度坚决地拒绝为孩子提供帮助。很多孩子虽然在做一件事情之前觉得自己是可以承担后果的，但是当事情真正发生之后，他们却感到非常无助，根本无法承担后果。在这种情况下，他们就会向父母求助。但是，父母已经确定了孩子是有能力承担这个后果的，就不要随随便便地帮助孩子。如果父母忍不住帮助了孩子，使孩子觉得他们不管做错了什么事情，最终还是由父母来承担后果，那么对孩子教育的效果就会大打折扣。当然，这么做是需要狠下心的，父母要明白这么做是为了孩子好，为了孩子的长远考虑，才能意志坚定地坚持原则。

最后，在孩子品尝苦果之后，作为父母固然要拒绝孩子的求助，却也不要对孩子“落井下石”，导致孩子失去对父母的信赖。父母要让孩子知道，父母并不是作为一个看客来嘲笑和挖苦孩子的，而只是希望通过这样的方式来让孩子得到更深刻的教训。必要的时候，父母可以对孩子表示出同情。如果孩子对于如何改正错误一筹莫展，父母也可以给出合理的建议。总而言之，这样的帮助并不是代替孩子去承担后果，而是让孩子感受到父母的爱和温暖，他们才会更尽全力地去解决难题。

父母一定要统一战线

在孩子成长的过程中，不管父母持有怎样的教育观念，都要做到一点，那就是关于惩罚的观点必须一致。在很多家庭里，孩子之所以会钻父母的空子，使教育的效果并不那么明显，就是因为父母惩罚的观点不一致，孩子通过察言观色，在父母意见相左时趁机逃脱责罚。

令人遗憾的是，很多父母在教育孩子的观点上都持有不同的意见，这也是导致很多家庭中夫妻之间产生矛盾的原因之一。当然，父母是社会中不同的生命个体，他们对于教育孩子有各自的观念，这是理所当然的。最重要的是在教育孩子时，父母要统一战线，如果对于教育孩子的理念存在分歧，就应该在真正对孩子实施教育之前进行沟通。当真正开始对孩子实施教育的时候，都不要当着孩子的面进行争辩，否定对方的观点，这样才能保证教育的效果。

毋庸置疑，不管是爸爸还是妈妈都希望孩子好，所以爸爸和妈妈在教育孩子方面虽然持有不同的观念，但是出发点是一致的，那就是希望能够起到教育孩子的效果，既让孩子积极主动地改正错误，也让孩子在各方面能够表现得更好。教育家陶行知先生曾经说过，父母在教育孩子方面一定要保持一致。中国的家庭教育一向主张刚柔并济，父亲往往是刚强的代表，母亲往往是柔和的代表，虽然父母所用的方法是不一样的，偶尔也能起到相辅相成的效果，但是这样一个唱红脸、一个唱白脸的方式对孩子的教育是弊大于利的。很多孩子在父母不同的教育观念的冲突中会感到无所适从。要想避免这种情况的发生，父母就要统一教育方法、战略和战线。

对于青春期的孩子而言，他们察言观色的能力已经非常强了。他们很清楚，在这个家里，谁会在他们犯错的时候保护他们、纵容他们，谁会在他们犯错的时候严厉地责罚他们。他们凭着本能就会选择那个更倾向于保护他们的人，与他们一起合起伙来对抗那个更为严厉的教育者。这样一来，家庭的各个成员对孩子的教育非但没有形成合力，反而会相互抵消一部分力量，导致对孩子的教育缺乏力度。父母一定要认识到一点，那就是对孩子的一生而言，青春期是至关重要的时期，如果孩子在青春期里不能得到良好的家庭教育，那么他们的一生都会受到影响。具体来说，父母如何才能在教育孩子上统一战线，让惩罚的观点保持一致呢?

首先，父母要注重教育的客观性。有些父母对待孩子带有强烈的主观意识，他们觉得自己的孩子是这个世界上最优秀的人，这使得他们并不能以客观公正的角度来看待孩子。实际上，每个孩子都是造物主赐予我们的礼物，他们既有自身的优势和特长，也有自己的缺点和不足，所以父母既要接受孩子的平凡，也要在孩子犯错之后接纳和包容孩子。尤其是在惩罚孩子的时候，不要以主观的态度作为评判的标准，而是最好能够制定一个客观的标准。这样一来，爸爸与妈妈的主观标准就不会发生尖锐的矛盾，也就能够依靠标准去评判孩子所犯的错误，给孩子适度的惩罚。

其次，在家庭教育中，父母既需要为孩子制定规则，也需要为孩子制定奖惩的机制。不管为孩子制定规则还是奖惩的机制，父母都要在制定的时候达成一致，不要等到执行这些规则的时候再去当着孩子的面争执。当然，在制定这些规则的时候，除了父母要参与其中之外，也可以让孩子表达意见，毕竟这些规则都是孩子需要遵守的。有的时候父母也需要听取孩子的意见，这样做会使孩子认为他们是规则的制定者之一，在遵守规则的时候也就不会排斥和抗拒了。

最后，在成员结构比较复杂的家庭里，所有人更要针对教育孩子的问题达成共识。有些家庭里不仅有爸爸妈妈，还有爷爷奶奶或者姥姥姥爷在一起生活。所谓隔代疼爱的问题，在有长辈的家庭里总是表现得尤为明显。尤其是当父母教育孩子的时候，这些长辈总是会袒护孩子，导致教育被迫中断，这会使得父母对孩子的教育效果大打折扣。

从代沟的角度来说，爷爷奶奶或者姥姥姥爷，与孩子的父母之间原本就存在代沟，尤其是在教育孩子这个问题上，因为观念不同，他们之间也会产生冲突。在这种情况下，父母应该事先和长辈做好沟通工作，即父母不管如何管教孩子，长辈都不能横加阻拦。当爷爷奶奶或者姥姥姥爷当着孩子的面训斥自己的孩子——也就是孩子的父母时，无异于会损害父母在孩子心中的权威，使孩子不愿意接受父母的管教，这会对家庭教育造成沉重的打击。

虽然作为长辈非常疼爱孙辈，但是他们的目的也是希望孙辈能够健康快乐地成长，作为孩子的父母，不要因为教育孩子的问题而和长辈之间发生矛盾冲突。与其等到问题发生之后再亡羊补牢，还不如在问题发生之前，就和长辈进行良好的沟通，告诉长辈应该如何做才能更好地教育孩子，相信长辈一定能够理解，也会积极地配合。

不管是在父母与孩子之间，还是在父母与长辈之间，沟通都是非常重要的。在家庭教育中，要想不同的角色统一教育的战线，让教育达到最好的效果，就一定要深入沟通。如果存在意见分歧，那么就要反复沟通，直到教育理念达成一致为止。把工作做在前面，远远比当着孩子的面产生争执，对孩子的教育效果更好。

制定严格而又公平的规矩

每一个合格的父母在孩子处于不同的身心发展阶段时，都会为孩子量身定制一些家庭的规矩。当然，制定规矩的目的是希望孩子能够主动地遵守规矩，从而省却了父母的唠叨，也避免了因此而导致的亲子矛盾。但是让父母抓狂的是，不管处在哪个成长阶段，面对父母制定的规矩，孩子都会表示反抗或者抗拒，他们还会在实际行动中试图突破各种各样的规矩。这并非孩子故意与父母作对，而是他们的天性就是希望得到绝对的自由。虽然这是不可能实现的，但是他们从来没有放弃过努力。

即使是小小的婴儿，也不愿意被父母限制。例如，小婴儿总是喜欢到处爬，如果他们爬出了父母规定的范围，父母禁止他们继续往其他地方爬，他们就会不满地哇哇大哭。即使是年幼的孩子，在和父母去超市的时候，也会选中各种各样的东西，如果父母不愿意为他们埋单，他们会在收银台缠着父母付钱。这么小的孩子就渴望拥有选择的自由，更何况是青春期的孩子呢？很多父母发现，原本对父母非常顺从的孩子，在进入青春期后，不管遇到什么事情，都热衷于和父母争辩。为此，有些父母说，孩子进入青春期就摇身一变成了“杠精”，其实这并不是孩子故意在抬杠，而是青春期孩子的身心发展特点决定的。

很多父母都对自己的职责有所误解，他们觉得父母就一定要保证给孩子提供最好的一切。每当孩子的观点与父母不同时，父母并不愿意倾听孩子的观点是什么，他们会把自己认为好的一切都一股脑儿地塞给孩子，包括在制定规矩的时候，父母只会考虑这个规矩对孩子是否有利，而不会考虑孩子是否愿意接受这个规矩。实际上，要想让孩子主动积极地遵守规矩，那么父母在制定规矩之初，就要坚持一个原则，那就是要制定严格而又公平的规矩。偏偏很多父母都只注重制定严格的规矩，而忽略了规矩的公平性。对于青春期的孩子来说，他们是尤为看重公平的，这就完全印证了那句话——“不患寡而患不均”。一件事情即使不那么合理或者不是孩子心甘情愿想要做的，只要是公平的，他们也愿意随大流儿去做，这充分说明了孩子对公平的追求有多么热切。

然而，在遇到一些原则性问题的时候，即使孩子有意见，父母也不要对孩子表示妥协。例如，孩子晚上 10 点之前必须回家这个规定，如果孩子以其他同学可以在晚上 12 点之前回家为借口，要求你放松这个关于回家时间的规矩，那么你是不应该妥协的。一个规矩不管是否完全合理，在执行规矩的过程中都不应该妥协，因为这是不明智的做法，会让孩子觉得规矩只是形同摆设。如果父母觉得自己的规矩是正确的，那么就坚持执行；如果父母觉得规矩的确是可以改变的，那么可以找其他的机会和孩子共同协商，来制定更为合理的规矩。总而言之，不要在孩子提出意见的时候就马上改变规矩，尤其是在制定规矩的时候孩子已经参与其中的情况下，孩子是应该为他们的决定负责任的。

当然，把规矩定得严格而且公平并不是一件简单容易的事情，但是父母只要坚持这么做，就会有助于孩子形成正确的人生观念、价值观念，这对孩子的成长是非常重要的。所谓公平的规矩，意味着规矩不仅仅是父母认为对孩子有利，而且是孩子自己也觉得规矩是合理的。要想做到这一点，父母就不要成为“一言堂”的家长，而是要在制定规矩的时候邀请孩子参与其中。让孩子参与制定规矩还有一个好处，那就是大多数孩子都对父母制定的规矩心存抵触，当他们意识到这个规矩是他们亲自制定的，就不会自己反对自己，也就会更愿意遵守这些规矩。

随着孩子的成长，很多的规矩已经不再适用。例如，在孩子小时候，父母规定孩子每天晚上都要洗澡，虽然孩子常常不愿意洗澡，但是父母也坚持要求孩子洗澡。然而随着孩子不断成长，孩子也许并不想在晚上洗澡，他想改成早上洗澡，这样他就可以干净清爽地去学校，愉快地开始一天的学习生活。其实这并没有什么错，如果孩子愿意早上洗澡，那么父母也是可以调整规矩的，因为不管在什么时间洗澡，只要孩子坚持每天洗澡就能保持干净卫生。在经过调整之后，旧规矩就因为被更改而变成了新规矩，对于孩子来说，这会让他们很有成就感。

当然，规矩是死的，人是活的，除了那些板上钉钉的规矩之外，父母也要注意一些例外的情况。很多事情并不以人的意志为转移，有些事情虽然父母将其预期得很好，但是实际操作过程中，确实会有出乎意料的变化。当这些变化发生的时候，父母不应该死守着规矩，而是可以酌情给孩子变通规矩，这样才能让孩子觉得父母的规矩是有人情和温度的。

没有谁愿意一直被规矩束缚，对于那些自己并不心甘情愿去遵守的规矩，孩子在执行的时候，往往会带有一定的怨气。父母没有必要强求孩子必须高高兴兴地去执行规矩，对于青春期的孩子来说，他们非常敏感，自尊心也很强，如果他们暂时不能接受这些规矩，却强迫自己一定要遵守这些规矩，那么父母可以假装没有看到他们拉长的脸。相信在经过一段时间的坚持之后，他们会渐渐发现这些规矩之中蕴含的好处，也就会从被动遵守转变为主动遵守规矩。

家庭生活中不应该有“独裁者”，尤其是随着孩子不断的成长，他们的独立性和自主性都越来越强，开始形成自己的思维，也具备一定的判断能力，父母如果还是权威独裁，那么就会压制孩子在家庭生活中的积极性，甚至会激起孩子的逆反心理，让孩子开始与父母进行抗争。为了与青春期孩子更加和睦地相处，父母在为孩子定规矩的时候，除了邀请孩子参与制定规矩之外，也要注意自己的表达方式，采取温和的语气和孩子沟通。这样孩子才会觉得父母制定规矩的初衷是为了他们好，也才会更积极地遵守规矩。

引导孩子养成自我反省的好习惯

在惩罚孩子的时候，很多父母都会犯本末倒置的错误，他们把惩罚作为教育孩子的一种重要手段，而没有意识到惩罚的目的是让孩子学会自我反省。自我反省，是人们认识自我、完善自我、超越自我的必要条件。一个人只有具备了自我反省的能力，才能不断地成长，才能在各个方面都表现得越来越好。即使是对于成年人而言，他们已经有了成熟的心智，也拥有了丰富的人生经验，但并不意味着他们就不会犯错误，所以成年人同样需要自我反省，同样需要反观自身的优点和缺点，这样才能够更切合实际地规划自己的人生。成年人控制情绪的能力比较强，每当情绪发生剧烈波动的时候，他们可以及时地调整情绪，保持积极乐观的姿态，让自己从一次又一次的难关中抽身而出，在失败跌倒之后，勇敢地站起来，最终走向成功。

和成年人相比，青春期的孩子显然还不够成熟，他们很容易冲动，他们的自我意识也没有发育完善，因此他们的自省能力还比较弱。在这个阶段，父母要有意识地培养孩子自我反省的能力，引导孩子积极地进行自我反省。只有这样，在孩子犯下错误的时候，才不需要父母说教就能够自己认识到错误，也才能够积极主动地改正错误。

当然，培养孩子自我反省的能力并不是一件简单容易的事情。作为父母，要知道每个孩子都是不同的生命个体，他们不仅有自己的脾气秉性，也有自己的兴趣爱好，还有自己为人处事的独特风格。所以，父母教育孩子要因人而异，在培养孩子自主能力的时候，也要根据孩子自身的特点有效地开展。不过，自我反省能力作为群体的共性，决定了父母在教育青春期孩子的时候要做到以下几点。

第一点，当孩子犯错误的时候，不要直接指责孩子。所谓自我反省的能力，指的是孩子作为独立的生命个体，能够积极地反思自己的错误。如果父母在孩子主动反思之前，就为孩子指出了错误，那么孩子还谈何自我反省呢？此外，父母指责孩子的错误还有一个非常大的弊端，那就是孩子在发现自己犯错之后，会本能地产生一种羞愧的感觉。如果父母在孩子感到羞愧之前就声色俱厉地批评孩子，就会使孩子产生逆反心理，甚至变得非常愤怒，这些情绪不仅会消除孩子的羞愧感，还会让孩子对自己的错误不以为然，也会让孩子对父母产生抵触的情绪，进而限制孩子的自我发省。

父母要意识到，孩子犯错误是成长中必然要经历的事情。父母应该采取冷静理智的态度，对于悟性很高的孩子，可以采取旁敲侧击的方式引导孩子进行自我反省，让孩子来判断自己的行为是对还是错；如果是那种“冥顽不化”的孩子，那么，父母也可以用讲故事的方式来告诉孩子道理，引导孩子主动地思考和领悟，这对于帮助孩子改正错误是非常有好处的。

第二点，当孩子犯错之后，父母最重要的不是惩罚孩子，而是要让孩子从错误中吸取经验和教训，这样才能够避免下次再犯同样的错误。吸取教训，积累经验，正是自我反省的终极目的。可是有很多孩子只重视事情的过程，而在事情发生之后，他们只会以一句轻描淡写的“对不起”就结束这件事情，或者会采取以牙还牙的方式对他人进行报复。这样的方式对于提升孩子自我反省的能力、帮助孩子总结经验和教训都是极其不利的。

青春期孩子的思维能力越来越强。如果说在小学阶段，孩子还不能认识到某种行为和结果之间的特定关系，那么在进入青春期之后，孩子渐渐地就会发现，某些特定的行为一定会产生特定的结果，这使他们再次采取行动的时候就会慎重思考，也会对自己的行为引起的后果进行预先判断。在真正展开行动去做某件事情的过程中，他会验证自己的判断，如果一切正如他所设想的那样发展，他就会在再次开展行动之前有所预期；如果一切和他所预想的并不相同，他就会对此进行更深刻的思考，同时也会调整自己的策略，改变自己的应对方式。父母必须明确的一个道理就是，父母如果在事情发生之前就制止孩子，那么，孩子永远也不会知道行为和结果之间的关系。父母与其一股脑儿地把自己的人生经验都塞给孩子，不如给孩子机会亲自去尝试。在事情发生之后，引导孩子去反思其中的问题，这对孩子而言才是难得的成长机会。

第三点，当孩子犯错的时候，他们会产生内疚、羞愧等负面情绪。这些负面情感对于帮助孩子改正错误是非常有好处的，它们能促使孩子进行自我反省，也会帮助孩子区分世界上的真善美和假丑恶。如果孩子已经能够通过自我反省来深刻地认知错误，也愿意改正错误，那么父母就没有必要再声色俱厉地去批评孩子。如果孩子在反思的过程中并没有深刻意识到自己的错误，那么父母可以给孩子一定的惩罚，比如要求孩子承担一定时间内的家务，或者扣掉孩子一段时间内的零用钱，这么做会延长孩子反省的时间，这些情感会反过来促使孩子进行深入的反思，加深对孩子的教育。

第四点，当孩子积极地进行自我反省时，父母一定要认可孩子的这种行为和举动。父母的认可，是帮助孩子强化自我反省的有效手段。如果孩子在进行自我反省之后，发现自己依然会被父母骂得狗血淋头，那么下一次他们并不会热衷于自我反省。如果孩子在进行自我反省之后，发现自己非但没有被父母批评，反而得到父母的表扬，得到了父母的理解和尊重，那么下一次再犯错的时候，他们不等父母催促，就会积极地进行自我反省，也会主动地改正错误，这不正是父母希望达到的目的吗？父母不管以何种方式教育孩子，都是希望孩子各方面的表现都能够有所提升，而不是为了责骂或者是惩罚孩子。正如人们常说的，“不忘初心，方得始终”，父母也不应该忘记教育孩子的初心，这样才能实现教育的目标。

不管是对成年人还是对孩子而言，自我反省都是成长的良好方式之一。一个人只有坚持自我反省，才会认识到自身哪些地方做得好，哪些地方做得不好；一个人也只有坚持自我反省，才能不断地提升自己各方面的能力，让自己更优秀。在培养青春期孩子的过程中，父母要注重培养孩子自我反省的能力，这样才能让孩子顺利地度过青春期。

第九章
陪伴，是最长情的告白

在一个家庭里，不管是贫穷还是富有，不管是忙碌还是休闲，父母都应该用更多的时间来陪伴孩子。对于孩子而言，父母的陪伴是他们成长过程中不可或缺的养料。即使孩子的物质生活非常富足，如果没有父母的陪伴，他们的精神也必将是贫瘠的，他们的情感也会变得越来越冷漠。对于孩子而言，家庭是他们生存的场所，父母是他们最亲近的人，与父母之间建立怎样的关系，将会影响他们未来一生人际关系的发展。父母要重视并尽量多地陪伴孩子，这对孩子的成长是大有好处的。

青春期，孩子需要父母的陪伴

在漫长的人生中，青春期是一个非常特殊的阶段。可是，偏偏有很多父母都忽略了这个特殊的阶段，也不了解孩子的内心有多么矛盾、纠结和痛苦，这使得青春期的孩子常常会做出一些出乎父母意料的事情。其实，并不是因为孩子突然发生了心理上的变化，而是因为父母并不曾真正地了解孩子。对于青春期的孩子，父母切勿放任不管，否则孩子可能会做出让父母追悔莫及的事情，甚至有可能造成无法挽回的后果。近些年来，青春期的孩子患上自闭症、抑郁症的非常多，也有一些孩子因为内心孤独、苦闷而草率地结束了自己年轻的生命，这是对父母最沉重、最致命的打击，也是父母不能承受的锥心之痛。

当孩子做出特别极端的举动时，父母往往会感到很惊讶，并沉浸在痛苦之中，根本想不明白孩子为何会这么做。其实他们不知道，在他们长期对孩子的忽略中，他们与孩子之间的距离已经越来越遥远了。作为父母，如果不了解孩子，也不能陪伴在孩子的身边，那么显然是一种莫大的失职。也有很多父母虽然每天和孩子朝夕相处，关心孩子的吃喝拉撒、衣食住行，但是很少与孩子进行沟通和交流。他们看起来和孩子生活在同一个屋檐下，却并不了解孩子心里到底在想什么，也不知道孩子喜欢什么、讨厌什么，这样的父母虽然为孩子提供了基本的物质条件，却让孩子的精神世界如同荒原。

2007年1月10日的夜晚，在江西发生了一件让所有人都感到震惊的事情——11名青少年相约在河边自杀。他们一起跳入了湍急的河流之中，其中有2名青少年虽然被救上了岸，最终还是失去了珍贵的生命。年轻的生命就这样逝去了，让人扼腕叹息！

那么，这11名青少年是如何聚集在一起，并且策划了这起集体自杀事件呢？据了解，这11名青少年之中，年龄最大的孩子17岁，年龄最小的孩子只有13岁。他们有的正在读初中，有的已经上高中。通过调查得知，他们的学习成绩都不是很好，经常逃学，而且还和社会上的青年混在一起。他们并不都是同一所学校里的孩子，而是通过网络认识或朋友介绍聚到一起的。他们觉得生活很无聊，每天除了逃学就是上网，除了唱歌就是在街上四处闲逛，或者呆呆地坐在一起聊一些不咸不淡的天，说一些悲观厌世的话。渐渐地，他们的厌世情绪越来越浓，直到最后相约一起离开这个世界。

让人更震惊的是，这11名青少年的父母，没有任何一家父母觉察到孩子的异样。如果说一个青少年自杀，是因为父母不了解孩子的内心，还是可以理解的；但是当11名青少年组织集体自杀的时候，竟然11个家庭里的父母都对孩子的异常毫无觉察，这说明在日常生活中，这些父母从来不关心孩子，也从来不对孩子负责任。孩子看似有父母，而且每天都和父母生活在一起，实际上他们的内心是非常孤独的。尤其是在感到迷惘和困惑的时候，他们并不能得到父母有效的指导，所以常常会产生无力感。

很多父母都不知道，青春期的孩子虽然看起来非常阳光、外向开朗，但实际上他们内心有很多阳光照射不到的角落。他们把所有的迷惘和困惑都隐藏和封闭在这些角落里，只有他们自己才能够触及这个角落。也有一些孩子之所以成群结队地在一起玩耍，就是因为他们深感孤独。他们就像那些寒风中的刺猬一样，彼此依偎在一起相互取暖，却又常常会不小心被对方身上的刺扎伤。他们这样艰难地寻找成长的力量，在父母的忽视中，或许能够熬过这段黑暗的岁月获得成长，也或许就这样被黑暗的力量打败，致使年轻的生命戛然而止。

很多父母误以为，只要把孩子送入学校，学校就会对孩子的成长负责。其实这样的想法是大错特错的。在学校里，每一个班级都有几十名学生，而老师是有限的。试问，作为父母都不能看管好家里的一两个孩子，那么作为老师又如何有时间和精力对每个孩子都照顾周到呢？而且孩子每天只有白天在学校里读书，晚上就会回到家里和父母相处。如果说孩子白天主要用来学习，那么晚上父母就应该和孩子多沟通，了解孩子的所思所想。毕竟和学校教育相比，家庭教育更能进入孩子的内心。作为父母，切勿觉得只要给孩子吃喝，为孩子的学习提供最好的物质条件，就是对孩子负责任。青春期孩子的内心承受着怎样的压力？很多父母都浑然不知。如果孩子在一段时间内非常沉默，而且状态特别低迷，那么父母就要多关注孩子，以各种方式来了解孩子在学校里的学习、生活情况，用心陪伴孩子度过心灵的黑暗期。具体来说，父母要做到以下几点。

第一点，为了缩小与孩子之间的差距、消除与孩子之间的代沟，父母可以学习孩子感兴趣的东西。很多父母都觉得自己与孩子之间没有共同的话题，即使偶尔交谈，也总是不能相互理解。在这种情况下，父母要接触孩子感兴趣的东西，这样在和孩子说话的时候才会产生共鸣。

第二点，父母与孩子要建立良好的亲子关系。所谓良好的亲子关系，一定要以双向沟通为基础。在很多家庭里都存在亲子之间单向沟通的情况，或者父母占据主导地位，对孩子发号施令；或者孩子占据主导地位，对父母发号施令。真正良好的亲子关系要以双向沟通为基础，不管是父母还是孩子，都可以主动向对方倾诉。要想营造这样民主和谐的家庭氛围，父母尽量不要在孩子面前表现出居高临下的一面，而是应该和孩子平等沟通，也不要总是摆出一副我永远正确的姿态面对孩子。毕竟父母也是人，不是神仙，也会犯错误。如果父母犯了错误，要及时地向孩子道歉，如果发现自己某些方面不如孩子优秀，也可以主动地向孩子学习，这样孩子与父母之间才会形成良好的亲子关系。

第三点，学会倾听孩子，给孩子倾诉心声的机会。很多父母在家庭生活中都不允许孩子多说话，一是觉得孩子说话非常啰唆，二是觉得孩子只需要执行父母的命令即可。其实，这样的教育观点是完全错误的。优秀的父母首先要能够倾听孩子的心声，给孩子表达的机会。在倾听孩子的时候，态度要真诚，而且要给予孩子积极的回应，这样才能够激发孩子的谈兴。

第四点，当与孩子的意见有分歧的时候，要认真听取孩子的意见。对于家里的很多事情，如果是小事情，父母和孩子都可以各抒己见；如果是重要的事情，只要孩子说得有道理，那么父母就要积极地采纳孩子的意见，这会让孩子觉得自己是家庭中非常重要的一员，也觉得自己在家庭中得到了尊重，让孩子形成主人翁意识。

青春期的孩子内心敏感，情绪很容易波动，而父母的陪伴，恰恰是给他们最好的爱和关怀。作为父母，切勿以为只要给孩子钱或者东西，就能够满足孩子成长的需求。青春期的孩子就像一棵具有顽强生命力的小树，正在努力地向上生长，它们需要阳光、水、空气和各种各样的养分，所有的营养都缺一不可。父母在帮助孩子成长的过程中，也要为孩子提供全面的养分，这样孩子才能更加茁壮成长。

工作再忙，也不要忽略孩子

不可否认的一点是，青春期孩子的父母大多已到中年，承受着工作和生活的双重压力。在工作上，因为年龄限制，所以他们的职业发展很容易遭遇瓶颈；在生活上，不但要照顾老人，还要照顾孩子，所以常常会感到心力交瘁。在这样的状态下，父母常常会忽略了那些比较省心的孩子，甚至因为忙于工作而把孩子彻底地遗忘。

当父母与孩子之间处于这样不平衡的状态时，父母一方面觉得自己为孩子付出了很多；另一方面也会因为不能陪伴孩子而感到亏欠孩子，就会给孩子大量的金钱作为弥补。实际上，这样的做法对孩子是非常不负责任的。对孩子来说，父母对孩子的爱绝不仅仅是表现在给孩子多少钱上，而是表现在父母有多少时间来陪伴孩子。

很多父母会觉得孩子都这么大了，并不需要陪伴；孩子都已经上中学了，完全可以生活自理。的确如此，孩子进入青春期之后，自理能力会越来越强，但是这并不意味着他们不需要父母的陪伴。父母陪伴孩子不仅仅表现在照顾孩子的饮食起居方面，也表现在和孩子一起进行一些活动，和孩子进行心灵的沟通以及相互影响等诸多方面。

父母必须意识到，对于青春期的孩子而言，他们更需要父母的陪伴，更需要父母耐心地与他们沟通，倾听他们的心声。曾经有心理学家经过研究证实，孩子们要想获得满足感、安全感和自豪感，就需要与父母建立非常亲密的关系。认识到这一点，父母就不会因为忙于工作而遗忘孩子，更不会因为忙于工作而与孩子之间产生隔阂。父母想要陪伴孩子有很多的机会，例如，可以在暑假期间陪着孩子一起去旅游，也可以在周末的时候陪着孩子一起玩游戏，还可以在一些特殊的节日里陪着孩子举行一些仪式。实际上，时间就像海绵里的水，挤一挤总还是有的，那些以工作忙为借口不愿意陪伴孩子的父母，往往不能合理安排时间，或者说他们并没有认识到陪伴对于孩子的重要性，因而不会把陪伴孩子当成一件事情。具体来说，父母要如何陪伴孩子呢？

第一，陪伴孩子并不需要许多时间。每天晚上在孩子入睡之前，和孩子说一说这一天发生的事情，在孩子的床边逗留一会儿；或者是在吃饭的时候和孩子简单地聊几句当日的热点新闻话题，这都是在陪伴孩子。很多父母因为忙于工作，很长时间都没有和孩子在同一张餐桌上吃饭了，也很长时间都没有在孩子入睡前去摩挲孩子的脑袋，对孩子说一些温暖的话了。长期没有有效沟通的亲子关系，会使孩子变得非常冷漠，情感也会干涸，对他们的成长是非常不利的。

第二，即使没有那么长的假期进行一趟长途旅行，为什么不能利用短暂的假期进行一次短途旅行呢？每个人的生活都很忙碌，不仅父母忙于工作，孩子也在忙于学习。现代社会生活的压力越来越大，工作的节奏越来越快，职场上的竞争越来越激烈，所以很多成年人为了应付生计而忙碌得无暇自顾，更别说照顾孩子，了解孩子的身心状态了。作为父母要明确一点，那就是工作是为了生活，工作不是生活的唯一。利用周末的短暂时间，父母可以和孩子一起去爬山，或带着美味的食物去野餐。在一个让人放松的环境里，孩子更容易敞开心扉与父母沟通，说不定还可以真正地把父母当成朋友对待呢！只有在其乐融融的家庭里，孩子才能够感受到安全和快乐。

第三，利用做家务的机会，和孩子分工合作，让孩子做一些力所能及的事情。众所周知，青春期的孩子不是在读初中就是在读高中，他们的学习任务非常重。很多父母都希望孩子整整一天都把自己关在书房里伏案疾书，实际上这对孩子的成长是非常不利的，对孩子的身体健康也会产生负面影响。何不给孩子机会让他们去做一些家务事呢？一方面可以锻炼孩子的动手能力，另一方面也可以让孩子在学习之余得到休息，再一方面，父母还可以利用和孩子一起做家务的时间与孩子交流。青春期的孩子一定会有很多的烦恼，父母之所以觉得孩子无忧无虑，是因为并不了解孩子的内心，而且孩子也不愿意向父母倾诉烦恼。当父母理所当然地觉得青春期的孩子没有任何问题的时候，恰恰意味着青春期的孩子出现了很大的问题。除了做家务之外，父母还可以和孩子一起打篮球、踢足球、游泳、放风筝等，这些活动都是日常的活动，并没有很大的难度。父母要抓住这些机会与孩子亲密相处。

第四，要对孩子进行人文教育，可以找机会和孩子一起走进人文的世界。虽然对孩子来说，学习成绩的好坏是很重要的，甚至关系到他们能否考上重点初中、重点高中，能否进入理想的大学，但是，进行人文教育对孩子来说也是至关重要的。例如，父母可以陪着孩子一起去看电影，或者陪着孩子参观博物馆，还可以利用闲暇时间和孩子在一起阅读或者去看画展。这样做，能够在潜移默化中培养孩子的人文气质。人文教育决定了孩子的内心是否充实丰满，如果孩子变成了学习的机器，心里只有学习，对其他事情都不感兴趣，那么这样的家庭教育显然是极其失败的。

总而言之，父母要想陪伴孩子，就要挤出时间。不管工作有多么忙，父母也不要以任何借口忽略孩子。对于真正想做的事情，一个人想方设法总能做到，父母也是如此。父母仅仅觉得自己是这个世界上最爱孩子的人还远远不够，而是要用实际行动证明自己是真的关心和爱护孩子，这才是真正对孩子负责。

正面管教，让孩子不叛逆

面对叛逆的青春期孩子，很多父母都感到无计可施，他们采取各种措施和手段来教育孩子，却发现收效甚微。有些父母采取极端的手段来强制孩子，结果反而导致孩子更加逆反，故意与父母对着干。显然，这并不是父母想要的结果。那么，对于青春期的孩子，父母到底如何做才能取得良好的教育效果呢?

近年来，有教育专家提出了“正面管教”的理念，其实这个理念对于管教青春期的孩子是非常有效的。这是因为青春期孩子最大的特点之一就是叛逆。很多父母都觉得孩子进入青春期之后仿佛变了一个人，小时候对父母言听计从，现在处处和父母唱反调；小时候对父母各种顺从，现在总是和父母作对。这简直让父母抓狂。但是，父母要理解，孩子在进入青春期之后，因为体内激素的变化，也因为自我意识的觉醒，所以他们更渴望独立。他们迫不及待地想要摆脱对父母的依赖，这使得他们的逆反心理更为严重。从心理学的角度来说，所谓逆反心理，指的是青春期孩子为了维护自己的自尊而故意与父母对着干，做出与父母对立的行为。逆反心理不仅是一种心理状态，也会体现在行为上。

要想消除青春期孩子的叛逆，父母就要了解青春期孩子叛逆的原因。

首先，青春期孩子的身体处于快速发育阶段，他们的身体在快速成长，因为激素作用使得第二性征出现，这样一来，他们的心理也随之发生了一定的变化。面对自身的各种改变，青春期孩子常常会非常浮躁。面对自己想要独立的渴望，却依然被父母管教，他们就会对父母产生对抗的情绪。

其次，青春期孩子以为自己已经长大了，非常渴望独立。面对父母代表爱的唠叨，他们开始感到反感。他们希望包括父母在内的所有人都把他们当作成年人看待，虽然他们的心理还很幼稚、内心还很彷徨，但是他们自以为已经可以用稚嫩的肩膀支撑起整个世界。

再次，青春期孩子的自我意识越来越强。他们行动的半径扩大了，对于社会上的各种新鲜事物也更加充满了好奇。他们不愿意再对父母言听计从，也不愿意凡事都听从父母的安排。尤其是对于父母那些传统的观点，他们更是不屑一顾。他们追求鲜明的个性，也希望自己能够紧跟时代的潮流，他们以这样的方式来满足自己对这个世界的好奇心。

最后，青春期孩子承受着巨大的心理压力。这种压力一则来自学习。孩子们的学习任务都非常重，同学之间又存在激烈的竞争，使他们感到身心俱疲。二则是家庭原因导致的。有些青春期孩子的家庭生活并不幸福和睦，尤其是当爸爸妈妈之间出现分歧的时候，他们就会夹在爸爸妈妈之间进退两难，这也使他们备感压力。

了解了青春期孩子叛逆的四个原因，父母再想解决青春期孩子叛逆的问题就会变得相对容易。尤其是要对青春期的孩子采取正面管教的方式，尊重孩子、平等对待孩子，倾听孩子的心声，这样父母才能够走进孩子的内心深处，真正了解孩子。

冉冉正在读初三。一个周五的傍晚，冉冉染了一头黄色的头发回到家里。爸爸看到冉冉的头发，怒气冲冲地喊道：“你怎么把头发染成这种颜色？简直太难看了！我命令你现在立刻马上就去把头发的颜色给我染回来！”听到爸爸的话，冉冉不以为然，走到房间里重重地关上门，就不愿意再出来了。听到爸爸一直喋喋不休地在门外怒骂自己，冉冉打开房门，淡定地对爸爸说：“我就喜欢黄色的头发，和你有什么关系呢？”爸爸被冉冉的这句话噎得直翻白眼，愣愣地站在那里，半天都没有吭声。

这样的对话在很多家庭里都曾发生过，当然不仅是把头发染成各种花里胡哨的颜色，孩子们还会做出其他出格的举动。当父母对他们表示质疑的时候，他们仿佛根本不在乎父母的看法和意见。也有些孩子会对父母表示鄙视，这让父母很难接受，一些权威型父母还会觉得自己作为父母的权威受到了挑战。

实际上，与其以强硬的态度要求孩子按照自己说的去做，父母不如换一个思路以正面的方式引导孩子、教育孩子。例如，发现孩子有明显变化的时候，不管孩子因为何种原因做出出格的举动，父母都要控制住自己的情绪，不要当着孩子的面表现出极度的震惊或者大惊小怪的样子。要做好心理准备，预知孩子在青春期会做出一些超出他们预期的举动，这样才能坦然接受孩子的变化。父母平静的态度是教育的前提条件，如果父母本身就已经非常激动或者情绪暴躁了，那么又如何教育好孩子呢？

父母与青春期孩子之间的关系，并不是要等到孩子进入青春期之后才开始建立。实际上，亲子关系从孩子出生的那一刻就要开始建立。为了让孩子顺利度过青春期，早在孩子进入青春期之前，父母就要很用心地建立良好的亲子关系，尤其是要打通与孩子之间的沟通渠道，保证与孩子之间能够顺畅沟通。一切家庭教育都要以沟通为基础，如果沟通的渠道被关闭，那么父母即使有再好的教育观念，也无法灌输给孩子；即使有再好的教育方法，也无法在孩子身上推行。

不唠叨，让青春期的孩子耳根清净

曾经有人说，父母的唠叨是爱的唠叨，对于年幼的孩子来说，也许的确如此，毕竟他们在很多事情上都需要父母提醒才能做得更好。例如，天冷了，父母会叮嘱他们要多穿衣服；运动出汗的时候，父母会提醒他们要多喝水；天气热的时候，父母会提醒他们要涂抹防晒霜。对于年幼的孩子来说，这些提醒都是非常必要的，如果没有父母的提醒，他们可能会忘记这些事情，因为孩子一旦玩得投入，就会把很多事情都抛之脑后。如果在孩子进入青春期之后，父母还是这样事无巨细地叮嘱孩子。那么，父母的唠叨就不再是爱的唠叨，而是会变成爱的负担，甚至会给孩子带来巨大的心理压力。

面对青春期的孩子充满嫌弃的话语，很多父母在对孩子发出爱的唠叨时都会感到非常委屈："你现在开始嫌弃我了，你小时候怎么不嫌弃我呢？"其实，父母在说出这句话的时候，就意味着父母并没有跟上孩子成长的脚步。父母必须意识到，青春期的孩子和年幼的孩童是完全不同的，他们的身体发育了，对于各种事情的看法和观点也逐渐成熟了，如果父母不能与时俱进地同孩子一起成长，那么被孩子嫌弃也将成为必然。

面对孩子突然发生的各种变化，父母常常会应接不暇，这是因为父母还没有做好准备，陪着孩子进入青春期、度过青春期。在整个青春期阶段，孩子的身体发育越来越快，他们的思维能力也越来越强，和小时候只关心吃好吃的东西、玩好玩的玩具不同，青春期的孩子甚至已经开始思考人生。面对快速发育的身体，面对急速变化的社交环境，他们产生了很多困惑。他们想要消除这些困惑，既想从父母那里得到有效的帮助，又想摆脱父母对他们的管控，正是在这样矛盾的状态之中，青春期孩子对父母的态度会发生很大的变化。

很多青春期孩子都觉得自己已经非常成熟，对于父母那些事无巨细的叮嘱，他们往往会感到是个累赘。实际上，他们有的时候其实是需要这些叮嘱的，但是他们并不愿意承认。青春期的孩子是一个非常矛盾的个体，一方面他们渴望独立，另一方面他们又依然需要父母的帮助和支持。在这种情况下，父母要更理解孩子们的心态，也要给予孩子们更需要的帮助。那么，父母要如何做，才能够更好地与青春期的孩子相处，才能够避免因为过度唠叨而给孩子施加压力，引起孩子的反感呢？

首先，父母要鼓励孩子进行独立自主的思考。很多父母都不希望孩子太有主见，他们对孩子唯一的要求就是希望孩子听话。实际上，孩子如果过于听话，就意味着他们不能进行独立思考，对于很多事情也没有自己的看法和见解。显而易见，这样的孩子并不能真正地成长起来。明智的父母会鼓励孩子拥有自己的思维方式，在孩子提出一些有深度的见解时，父母也会积极地采纳，甚至会给孩子一定的赞赏，父母这样做会给孩子极大的鼓舞，让孩子在独立的道路上表现得更加从容自信。

其次，不要让孩子盲目地听从父母的话。尤其是在遇到孩子自己可以解决的问题时，父母要鼓励孩子自己去想解决的办法。父母要知道，孩子虽然因着父母来到这个世界上，但是他们并不是独属于父母的。随着不断成长，他们作为独立生命个体的特点会越来越鲜明，父母可以明确地告诉孩子，让孩子不要凡事都听从父母的话，因为孩子终有一天会长大，父母终有一天会老去。生命的规律，注定了父母不可能始终为孩子提供的建议，与其等到那一天让孩子感到无助，还不如趁早培养孩子独立思考和自主选择的能力。

最后，为孩子确定行为的标准。很多父母之所以总是对孩子唠叨，是担心孩子会做错事情，或者担心孩子不能够按时完成应该做的事情。要想减少唠叨，就为孩子制定一个行为标准，也可以和孩子一起来制定时间规划。当孩子能够主动地在规定的时间里完成应该做的事情，当孩子能够明确行为的边界，避免做出出格的举动时，父母就无须过于唠叨，只需要看着孩子主动去做就好。

读初二的文文最近住校了，所以爸爸妈妈对他的情况了解得比较少。每当周末回到家里，妈妈就会对文文千叮咛万嘱咐，文文总是表现出满脸的不耐烦。在月考时，文文的成绩下滑得非常严重，老师主动给文文妈妈打电话，说文文学习上出现了波动，问妈妈是否知道原因，可妈妈对此毫不知情。妈妈对老师说："我很疑惑，文文小时候是一个乖巧听话的孩子，而且不管有什么事情都很愿意告诉我。但是现在她回到家里总是沉默，常常一整天都躲在房间里不出来。有的时候我实在按捺不住，坐到她的身边，问她在学校里的一些情况，她也不愿意说。往往我坐在她身边还不到5分钟，她就会把我从房间里推出来，然后把门紧紧地关上。"

老师告诉妈妈："很多青春期孩子都会有这样的表现，这是因为青春期孩子会开始思考很多深刻的问题，而且他们也希望自己能够早日长大。他们不想再像小时候那样不管做什么事情都需要得到父母的同意。有些青春期的孩子还很在乎同龄人的目光，他们觉得，如果在其他人都越来越独立的情况下，自己还和父母走得那么亲近，就会被其他同学嘲笑。但是父母不可能因此就疏远孩子。如果孩子不喜欢父母唠叨，那么父母就要减少唠叨，但是和孩子之间必要的沟通还是要进行的，否则就会不理解孩子，也会与孩子越走越远。”经过老师的一番讲解，妈妈对于和文文的关系才有了更明确的认识，她决定要尽快咨询儿童心理专家，以便在专家的帮助下修复与文文的关系。

很多父母都会像文文妈妈一样感到困惑，不知道孩子为什么突然之间就不愿意向父母倾诉，也不愿与父母亲近了。实际上，老师的说法代表了很多青春期孩子的想法，他们觉得如果过于依赖父母就会遭人嘲笑，他们也会觉得自己非常成熟了，能够处理好很多事情，所以不愿意再听从父母的教诲。对于青春期孩子这样的心理特点，父母要有一定的了解，才能更好地与青春期孩子相处，也才能有效改善与青春期孩子的亲子关系。

对于青春期孩子表现出不听话的特点，父母要一分为二地看待。首先要意识到什么都听从父母的孩子，只能成为“乖孩子”。现代社会中的很多精英人物，小的时候并非对父母言听计从，也不是传统意义上的乖孩子，相反，他们很独立、有主见，会坚持自己的想法。所以，父母如果希望孩子将来有出息，就要教会孩子“不听话”，要让孩子有自己独立的思想和主见，这样孩子会更独立，才会真正地强大起来。

当然，所谓给孩子成长的空间，并不是放任孩子自由发展，而是要以正确的方式引导孩子，让孩子在成长的道路上走得更快更好。需要注意的是，心理学上有一个超限效应，意思是说当一件事情超过限度，就会起到相反的作用。那么，在和孩子沟通的时候，爸爸妈妈也要避免唠叨引起超限效应。唠叨并不能起到预期的效果，反而会使孩子逆反，这样的唠叨不如不要。面对青春期孩子的沉默，父母在说话的时候也要更加精炼。俗话说，好钢用在刀刃上，父母只有对话题进行凝练，才能以言简意赅的语言打动孩子的心，与孩子更有效地沟通。

适度满足孩子欲望，让孩子远离虚荣

从心理学的角度来说，所谓虚荣心，指的是一个人特别爱面子，追求表面的光彩。这种心理是一种消极的心理，既会让人的思想产生偏差，也会让人的心绪起伏不定。通常情况下，一个人的自尊心如果太过强烈，那么就会有虚荣的倾向。为了让自己有面子，为了能引起他人的注意，他们会故意表现得非常夸张，也会在很多方面都与他人比较。殊不知，虚荣心并不会让人变得与众不同，反而会让人变得肤浅。处在青春期的孩子，或许会有肤浅的虚荣心，这使他们凡事都与同龄人或者身边的人比较，使他们不能更好地做自己。父母在教育青春期孩子的过程中，就要帮助孩子远离虚荣，这样孩子才能够健康快乐地成长。

中国人向来都很看重面子，不仅青春期的孩子很爱面子，成年人也非常爱面子。和成年人相比，青春期孩子的内心非常敏感，他们想要与他人一较高下，或者至少在与他人的竞赛中不能落于人后。这其实是一种正常的心理需求。作为父母，既不要完全拒绝孩子的需求，也不要毫无条件地满足孩子的需求，只有把握好适度满足孩子欲望的原则，才能帮助孩子远离虚荣。对于孩子生活的必需品，父母要为孩子提供，否则孩子就会感到自卑。举个最简单的例子，学校里在催交学费，那么父母想方设法也要为孩子交上学费，否则，当全班只剩下孩子一个人没有交学费的时候，孩子怎么会不感到自卑呢？再举一个例子，班级里有孩子穿着名牌鞋子，价值不菲，那么孩子回家也要求有同样的鞋子。对于孩子这样的要求，父母是完全有理由拒绝的。因为每个人穿什么样的衣服既是可以自己决定的，也是由家庭的经济条件决定的。当发现孩子出现这样不好的苗头时，父母一定要及时制止这样的想法。

适度的虚荣心，让孩子努力在与他人的竞争中获胜，对孩子的学习会起到一定的激励作用。例如，孩子在学习上与同学之间你追我赶，看到同学的成绩比较好，他们不甘落于人后也发奋图强，这样就能够促进他们学习。反之，如果孩子总是在物质上与他人攀比，渐渐忽略了学习，反而会陷入欲望的深渊，这并不利于孩子健康的成长。

对于青春期的孩子来说，虚荣心是非常可怕的。如果孩子的虚荣心特别强烈，那么他们在成长过程中就会出现各种各样的问题。有些孩子为了满足自己的虚荣心，会对父母撒谎，跟父母要钱来买名牌的服装穿；有些孩子为了满足自己的虚荣心，会做出伤害同学的事情，因为他们嫉妒同学拥有更多的物质，或者是嫉妒同学的成绩更好。在发现孩子有过于虚荣的倾向时，父母一定要及时引导孩子，这样既能够帮助孩子消除虚荣心，也能够让孩子更注重内心的成长。

放学回到家里，白雪的状态看起来非常糟糕，她的眼睛通红，应该是哭过。看到白雪的样子，妈妈非常担心，赶紧追到书房里问白雪："宝贝儿，你怎么了？"白雪生气地瞪大眼睛看着妈妈说："我的同桌买了一款非常高档的手机，听说是最新款的苹果手机呢！我也想要这款手机！"听到白雪的话，妈妈瞬间叹了口气，一时之间不知道如何回答，坐在白雪的身边陷入了沉思。白雪却怒气冲冲地继续说道："为什么我们家这么穷？别人有的东西我都没有！"听到白雪这句话，妈妈觉得自己的心像被针扎了一样，她对白雪说："首先，手机并不是学习的必需品，如果是老师要求必须具备的必需品，妈妈就算是砸锅卖铁也会给你买的。其次，每个人用什么样的东西穿什么样的衣服，不仅是由自己决定的，也是由家庭的经济条件决定的。你知道我和你爸爸只是普通的工薪阶层，供你上学读书，给你交各种课外班的补习费用，已经非常吃力了，你有什么必要非要用那么贵的手机呢？"

听了妈妈的话，白雪伤心地哭了起来，妈妈黯然神伤地离开了白雪的房间，又去厨房里准备晚餐了。爸爸下班回家，一家人围坐在餐桌旁，吃着清淡可口的饭菜，妈妈又和白雪说起这件事情，白雪厌烦地说："好了，你不要说了，没钱买就是没钱买，还找那么多理由！"爸爸不知道白雪想要最新款的苹果手机，不明所以地问妈妈到底发生了什么事情，妈妈用眼神示意爸爸不要问。等吃完饭之后，妈妈把整件事情讲给爸爸听，爸爸严肃地对妈妈说："这可不是一个好苗头，将来她走上社会，身边有钱有势的人会更多，难道什么都要跟别人攀比吗？人总是要量入为出的，所以这件事情绝对不能妥协。"妈妈重重地点点头。

在这个事例中，白雪显然被同桌激起了虚荣心，她想和同桌一样拥有最新款的苹果手机，却忽略了自己家里的经济情况。而且，就算家里有经济能力为白雪购置这样一部手机，白雪上学也不需要这么高档的手机。在这种情况下，父母一定要坚持原则，而且要在合适的时机和孩子讲清楚道理，纠正孩子错误的观念。

青春期的孩子很容易互相攀比，这是因为小学阶段孩子们都比较小，所以家庭经济条件对孩子们的学习生活并不会起到很大的影响。而进入初中阶段，孩子们的心思越来越复杂和细腻，他们对于很多事情都会更加关注。在这种情况下，攀比之风在学校里盛行。青春期孩子一定要有正确的价值观。要让他们知道，在学校里最重要的是学习，而不是与同学比较吃穿用度。作为父母，要给孩子灌输正确的观念，在生活中不要当着孩子的面与别人攀比，也要保持艰苦朴素的作风，为孩子树立榜样，这样孩子才会形成正确的价值观念，才能避免因为攀比而陷入苦闷之中。

后 记

面对青春期的孩子，很多父母都会很抓狂，这是因为父母不了解青春期孩子的情绪和感受，也不知道处在青春期的孩子正在经历身心发展的特殊阶段。如果父母能够放下高高在上的姿态，以亦师亦友的身份和孩子相处，尤其是在孩子感到困惑的时候，真正做到设身处地为孩子着想，理解孩子的苦衷，感受孩子的情绪，就能缓解紧张的亲子关系，还有可能打开孩子的心扉，真正走入孩子的内心。

和那些不了解青春期孩子的父母相比，更糟糕的是，有很多父母自以为了解青春期孩子，因而肆无忌惮地对青春期的孩子指手画脚。他们常常忽略孩子的情绪和感受，坚持以自己的方式对待孩子，这将会导致亲子关系紧张。

从青春期孩子身心发展的特殊阶段和独特特点来看，父母要想顺利陪伴孩子度过青春期，就要坚持以尊重、平等的原则对待孩子，让孩子在爱与自由的家庭氛围中更加信任父母，更愿意对父母敞开心扉，与父母建立顺畅的沟通渠道，如此，由青春期引发的很多问题就会迎刃而解。

作为青春期孩子的父母，总是面临各种挑战，也会在感受孩子带来的惊喜之余，毫无防备地被孩子吓到。也许，养育孩子就是不停地担心，就是在担忧的过程中陪伴孩子成长吧。如果说每一位父母在抚育孩子成长的过程中都是“摸着石头过河”，青春期孩子的父母则是提心吊胆地陪伴在孩子身边，和孩子一起应对突如其来的情况。在此过程中，切勿觉得孩子是在故意挑战父母的底线，而要认识到，孩子和父母一样，也在惊慌、紧张地面对着自己的各种变化。所以，父母要体谅和宽容孩子，而不要一味地责怪和苛求孩子。

孩子处于青春期，对父母而言，既是一种挑战，也是一种磨炼，更是一种成长！